ÇAĞDAŞ TOPLAYICILARIN YEMEK KİTABI

Çağdaş Damak Tadları İçin Doğanın Zenginliğini Hasat Etmek

Ümran Aktaş

Telif Hakkı Malzemesi ©2024

Her hakkı saklıdır

Bu kitabın hiçbir bölümü, incelemede kullanılan kısa alıntılar dışında, yayıncının ve telif hakkı sahibinin uygun yazılı izni olmadan, hiçbir şekilde veya yöntemle kullanılamaz veya aktarılamaz. Bu kitap tıbbi, hukuki veya diğer profesyonel tavsiyelerin yerine geçmemelidir.

İÇİNDEKİLER _

- İÇİNDEKİLER _ 3
- GİRİİŞ 7
- KAHVALTI 8
  - 1. Yabani Dut Parfe 9
  - 2. Karahindiba Krepleri 11
  - 3. Mantarlı ve Isırganlı Omlet 13
  - 4. Meşe Palamudu Unu Lapası 15
  - 5. Yabani Yeşiller Smoothie 17
  - 6. Nasturtium ile doldurulmuş yumurtalar 19
  - 7. Yabani otlar ile Frittata 21
  - 8. Bitki soslu yumurta 23
  - 9. Mürver Çiçeği Sıcak Çikolata 25
  - 10. Mürver Çiçeği Donutları 27
  - 11. Mürver Çiçeği Chia Pudingi 29
  - 12. Mürver Çiçeği Smoothie Kasesi 31
  - 13. Yabani Sarımsak ve Patates Frittata 33
  - 14. Mürver Çiçeği Fransız Tostu 35
  - 15. Mürver Çiçeği Waffleları 37
  - 16. Yeşillikler, otlar ve yumurtalardan oluşan pide 40
  - 17. Taze otlu sosis 42
- BAŞLAYANLAR 44
  - 18. Bitki sirkesinde bebek havuç 45
  - 19. Otlar ile enginar 47
  - 20. Limon otu sırlı kanepeler 49
  - 21. Taze otlu peynirli pizza 51
  - 22. Taze ot ve frenk soğanlı bisküvi 53
  - 23. Vietnam usulü sigara böreği 55
  - 24. Kızarmış hellim peyniri 57
  - 25. Bitki kızartması 59
  - 26. Birada otlu karides 61
  - 27. Otlar ile kuru incir 63

28. KOLAY BİTKİ FOCACCİA 65
29. YABANİ MANTAR BRUSCHETTA 67
30. YABANİ SARIMSAK PESTO CROSTİNİ 69
31. MEŞE PALAMUDU KABAK BÖREK 71

BAŞLANGIÇLAR 73

32. GÜNEŞ BOĞMASI ÇORBASI 74
33. KESTANE KAPLAMALI TAVUK GÖĞSÜ 76
34. BALKABAGİ TAY KÖRİSİ 78
35. ISIRGAN OTU GNOCCHİ 80
36. MÜRVER SIRLI TİLAPİA 83
37. BAVARIAN BİTKİ ÇORBASI 86
38. YAZ KABAK ÇORBASI 88
39. YABANİ MANTAR RİSOTTO 90
40. ISIRGAN OTU VE PATATES ÇORBASI 92
41. TOPLANMIŞ OT-KABUKLU ALABALIK 94
42. YEMYEŞİL YAPRAK DOLMASI 96
43. YABANI OT VE KEÇI PEYNIRI DOLMASI TAVUK GÖĞSÜ 98
44. FIDDLEHEAD EĞRELTİ OTU VE KUŞKONMAZ TAVADA KIZARTMA 100
45. CANTHARELLUS CİBARİUS VE PIRASA KİŞ 102
46. KURUTULMUŞ MEYVELİ KAŞA 104
47. OTLU TAVUK KREMASI 106
48. KAYISI DIJON SIRLI HİNDİ 108
49. OT SOSLU TAVUK VE PILAV 110
50. KREMALI VE OTLU TAVUK 112
51. BİSKÜVİ ÜZERİNE TAVUK MADEİRA 114
52. OTLAR İLE TAVUK ÇORBASI 116
53. ŞARAP VE OTLAR İLE TAVUK 118
54. NOHUT VE OT SALATASI 120
55. TAZE OTLAR VE PARMESAN 122
56. KARAHİNDİBA SALATASI 124
57. OTLAR SEBZE KONFETİ 126
58. KAVRULMUŞ OTLU ARPA 128

TATLI 130

59. YULAF KABUKLU SERVİCEDUT TART 131
60. BAHARATLI TRABZON HURMASI KEK 133

61. Unsuz Çikolatalı Fındıklı Kek 135
62. Mürver Çiçeği Panna Cotta Çilekli 137
63. Mürver Çiçeği Turtası 140
64. Yemlenmiş Meyveli ve Isırgan Otulu Kek 142
65. Mürver Çiçeği Dondurma 144
66. Mürver Çiçeği Şerbeti 146
67. Mürver Çiçeği ve Böğürtlenli Dondurma 148
68. Mürver Çiçeği Mus 150
69. Yabani Çilek Ravent Crumble 152
70. Plaj Erik Şerbeti 154
71. Limonlu Bitkisel Dondurma 156
72. Bitkisel Limonlu Kurabiye 158

ÇEŞNİLER 160

73. Chokedut Sirkesi 161
74. Amerikan Erikli Ketçap 163
75. Kestane Akçaağaç Sosu 166
76. Bitkisel Jöle 168
77. Huckledut Reçeli 170
78. Karışık Bitki Sirkesi 172
79. Karışık Bitki Pesto 174
80. Hardal Otu Turşusu 176
81. Kuzukulağı-Frenk Soğanı Pesto 178
82. Yabani Meyve Reçeli 180
83. Toplanmış Bitki İnfüze Sirke 182
84. Yabani Sarımsak Aioli 184
85. Çam İğnesi Şurubu 186

İÇECEKLER 188

86. Alkolsüz Yaban Mersini Spritzer 189
87. Sarsaparilla Kök Birası 191
88. Limon Ahududu Nane Tazeleyici 193
89. Toplanmış Dut Demlenmiş Su 195
90. Yabani Nane Buzlu Çay 197
91. Karahindiba Limonatası 199
92. Ladin Ucu İnfüzyonlu Cin ve Tonik 201
93. Baharatlı Bitkisel Likör 203

94. MEYVELİ BİTKİSEL BUZLU ÇAY 205
95. BUZ BİTKİSEL SOĞUTUCU 207
96. AHUDUDU BİTKİ ÇAYI 209
97. KAKULE ÇAYI 211
98. SASSAFRAS ÇAYI 213
99. MORİNGA ÇAYI 215
100. ADA ÇAYI 217

ÇÖZÜM 219

GİRİİŞ

malzemeleri toplama ve hazırlama sanatını kutladığımız, doğanın bereketli dünyasına bir mutfak gezisi olan "Çağdaş Toplayıcının Yemek Kitabı"na hoş geldiniz . Bu yemek kitabı, toplanmış gıdaların tatlarını, dokularını ve besinsel faydalarını benimsemek ve vahşi doğanın özünü çağdaş mutfağınıza getirmek için rehberinizdir. Geleneksel yiyecek arama bilgeliğini yenilikçi ve lezzetli tariflerle birleştirerek mutfak ortamını yeniden tanımlayan bir yolculuğa bize katılın.

Yabani yenilebilir yiyeceklerin ön planda olduğu ve her yemeğin açık havada bulunan çeşitli tatların hikayesini anlattığı bir mutfak hayal edin. "Çağdaş Toplayıcının Yemek Kitabı" yalnızca bir yemek tarifleri koleksiyonu değildir; ormanlarda, tarlalarda ve çayırlarda saklı hazinelerin keşfi. İster deneyimli bir toplayıcı olun ister yabani yiyecekler dünyasında yeni biri olun, bu tarifler size doğanın bereketini günlük öğünlerinize dahil etmeniz için ilham vermek üzere hazırlandı.

Dünyevi mantar lezzetlerinden canlı yabani yeşilliklere ve çiçek karışımlarından şaşırtıcı meyve karışımlarına kadar her tarif, doğanın sunduğu çeşitli ve evcilleştirilmemiş tatların bir kutlamasıdır. İster rustik bir akşam yemeği, ister kaliteli bir meze ya da serinletici bir içecek hazırlıyor olun, bu yemek kitabı mutfak deneyimlerinizi doğal dünyanın bolluğuyla zenginleştirmek için başvuracağınız kaynaktır.

malzemelerin güzelliğinin, tazeliğinin ve evcilleştirilmemiş özünün bir kanıtı olduğu yiyecek arama ruhunu kucaklarken bize katılın . O halde sepetlerinizi toplayın, macerayı kucaklayın ve " Çağdaş Toplayıcının Yemek Kitabı " ile toplayıcılığın büyüsünü çağdaş masaya taşıyalım.

KAHVALTI

1.Yabani Dut Parfe

İÇİNDEKİLER:
- 1 su bardağı çeşitli yabani meyveler (yaban mersini, ahududu, böğürtlen)
- 1 bardak Yunan yoğurdu
- 2 yemek kaşığı bal

TALİMATLAR:
a) Yabani meyveleri iyice durulayın.
b) Bir bardak veya kaseye Yunan yoğurtunu yabani meyvelerle katlayın.
c) Üzerine 1 yemek kaşığı bal gezdirin.
ç) Katmanları tekrarlayın ve keyfini çıkarın!

2.Karahindiba Krepleri

İÇİNDEKİLER:
- 1 su bardağı karahindiba yaprağı
- 1 su bardağı gözleme karışımı
- 1 bardak süt
- 2 yumurta
- Pişirmek için tereyağı

TALİMATLAR:
a) Krep hamurunu paket talimatlarına göre karıştırın.
b) 1 bardak karahindiba yaprağını yavaşça katlayın.
c) Krepleri tereyağlı bir tavada altın kahverengi olana kadar pişirin.
ç) Şurup veya bal ile servis yapın.

3. Mantarlı ve Isırganlı Omlet

İÇİNDEKİLER:

- 1 su bardağı yabani mantar
- 1/2 bardak ısırgan otu yaprağı
- 3 yumurta
- Tatmak için biber ve tuz
- 2 yemek kaşığı zeytinyağı

TALİMATLAR:

a) Mantarları ve ısırgan otunu 2 yemek kaşığı zeytinyağında pişene kadar soteleyin.

b) 3 yumurtayı çırpın, tuz ve karabiberle tatlandırın.

c) Yumurtaları mantarların ve ısırgan otlarının üzerine dökün, pişene kadar pişirin.

ç) Omleti katlayıp sıcak olarak servis yapın.

4.Meşe Palamudu Unu Lapası

İÇİNDEKİLER:

- 1 su bardağı meşe palamudu unu
- 2 su bardağı süt veya su
- 3 yemek kaşığı akçaağaç şurubu

TALİMATLAR:

a) 1 su bardağı meşe palamudu ununu 2 su bardağı süt veya suyla bir tencerede karıştırın.
b) Orta ateşte sürekli karıştırarak pişirin.
c) Kıvam aldıktan sonra 3 yemek kaşığı akçaağaç şurubu ile tatlandırın.
ç) Sıcak servis yapın.

5.Yabani Yeşiller Smoothie

İÇİNDEKİLER:

- 1 su bardağı toplanmış yabani yeşillik (karahindiba yaprakları, kuzukulağı vb.)
- 1 muz
- 1 elma
- 1/2 su bardağı yoğurt
- Buz küpleri

TALİMATLAR:

a) Yabani yeşillikleri, 1 muz, 1 elma ve 1/2 bardak yoğurdu pürüzsüz hale gelinceye kadar karıştırın.

b) Buz küplerini ekleyin ve istenilen kıvama gelinceye kadar tekrar karıştırın.

c) Bir bardağa dökün ve besin dolu smoothienizin tadını çıkarın.

6.Nasturtium ile doldurulmuş yumurtalar

İÇİNDEKİLER:

- 2 büyük Çok haşlanmış yumurta
- 4 küçük Nasturtium yaprakları ve yumuşak sapları; doğranmış
- 2 Nasturtium çiçeği; dar şeritler halinde kesin
- 1 Dal Taze frenk maydanozu; doğranmış
- 1 Dal Taze İtalyan maydanozu; yapraklar ince doğranmış
- 1 Yeşil soğan; beyaz ve soluk yeşil kısım
- Sızma zeytinyağı
- Kaliteli Deniz tuzu; tatmak
- Karabiber; kaba zemin, tadı
- Nasturtium yaprakları ve Nasturtium çiçekleri

TALİMATLAR:

a) Yumurtaları kaynar suda sadece sarıları sertleşene kadar pişirin, artık değil.
b) Her yumurtayı uzunlamasına ikiye bölün ve sarısını dikkatlice çıkarın.
c) Yumurta sarısını küçük bir kaseye koyun ve nasturtium yapraklarını, saplarını ve çiçeklerini, doğranmış frenk maydanozunu, maydanozu ve yeşil soğanı ekleyin. Macun kıvamına gelinceye kadar yeterli miktarda zeytinyağı ekleyerek çatalla ezin. Deniz tuzu ve karabiberle tatlandırın
ç) Yumurta aklarını hafifçe tuzlayın
d) Boşlukları yumurta sarısı-ot karışımıyla yavaşça doldurun. Üzerine biraz biber öğütün. Nasturtium yapraklarını bir tabağa yerleştirin ve üzerine doldurulmuş yumurtaları yerleştirin.
e) Nasturtium çiçekleriyle süsleyin.

7.Yabani otlar ile frittata

İÇİNDEKİLER:

- ½ kilogram Barba di frate ve bir demet yabani nane
- 8 Yumurta
- 4 diş sarımsak
- 50 mililitre Sızma zeytinyağı
- 100 gram Parmesan peyniri; rendelenmiş
- Tuz ve taze çekilmiş karabiber

TALİMATLAR:

a) Yağı küçük bir tavaya sarımsaklarla birlikte koyun ve kaynatın.
b) Sarımsakları altın rengine gelince çıkarın ve atın.
c) Barba di frate'yi yağda iki dakika soteleyin, Parmesan ile hafifçe çırpılmış yumurtaları, tuzu ve naneyi ekleyin. Sertleşmeye başlayana kadar karıştırın.
ç) Pişene kadar sıcak fırına koyun. Bir tabağa alıp hemen servis yapın.

8.Bitki soslu yumurta

İÇİNDEKİLER:

- 24 Taze kuşkonmaz mızrağı
- ¼ bardak mayonez
- 8 ons Karton ticari ekşi krema
- 1 Limon suyu
- ½ çay kaşığı Tuz ve ¼ çay kaşığı Beyaz biber
- ¼ çay kaşığı Şeker
- 2 çay kaşığı Taze maydanoz; kıyılmış
- 1 çay kaşığı Taze dereotu otu ; kıyılmış
- 1 çay kaşığı Taze frenk soğanı; kıyılmış
- 8 Yumurta; sert pişmiş, bölünmüş
- 12 ons Paket pişmiş 6" x 4" jambon dilimleri

TALİMATLAR:

a) Kuşkonmazı üzeri kapalı olarak kaynar suda 6 ila 8 dakika pişirin; boşaltmak. Örtün ve soğutun.

b) Mayonez, ekşi krema, limon suyu, tuz, beyaz biber, şeker, maydanoz, kıyılmış dereotu ve frenk soğanını birleştirin; iyice karıştırın. 1 katı pişmiş yumurtayı ezin; mayonez karışımına ekleyin ve iyice karıştırın. Örtün ve soğutun.

c) 2 jambon diliminin üzerine 4 kuşkonmaz sapını yerleştirin. Jambonu kuşkonmaz mızraklarının etrafına sarın ve tahta bir kazmayla sabitleyin. Jambonla sarılmış kuşkonmazı servis tabağına yerleştirin. 6 yumurtayı dilimleyin, dilimleri jambonun üzerine dizin. Her porsiyonun üzerine yaklaşık ¼ fincan bitki sosunu kaşıklayın

ç) Kalan yumurtayı süzün. Her porsiyonun üzerine serpin. Taze dereotu otu ile süsleyin .

9.Mürver Çiçeği Sıcak Çikolata

İÇİNDEKİLER:

- 2 su bardağı süt (süt veya alternatif süt)
- 2 yemek kaşığı kakao tozu
- 2 yemek kaşığı şeker (damak tadınıza göre ayarlayın)
- 1 yemek kaşığı mürver çiçeği şurubu
- Süslemek için krem şanti ve yenilebilir çiçekler

TALİMATLAR:

a) Bir tencerede sütü orta ateşte sıcak olana kadar fakat kaynatmayacak şekilde ısıtın.

b) Küçük bir kapta kakao tozu ve şekeri birlikte çırpın.

c) Mürver çiçeği şurubunu iyice birleşene kadar karıştırın.

ç) Kakao karışımını yavaş yavaş sıcak sütün içine pürüzsüz ve iyice karışana kadar çırpın.

d) Mürver çiçeği sıcak çikolatasını istediğiniz sıcaklığa ulaşana kadar ara sıra karıştırarak ısıtmaya devam edin.

e) Bardaklara dökün, üzerine krem şanti dökün ve yenilebilir çiçeklerle süsleyin. Servis yapın ve tadını çıkarın!

10.Mürver Çiçeği Donutları

İÇİNDEKİLER:

- 1 ½ su bardağı çok amaçlı un
- ½ su bardağı toz şeker
- 2 çay kaşığı kabartma tozu
- ¼ çay kaşığı tuz
- ¼ bardak bitkisel yağ
- ½ bardak süt
- 2 büyük yumurta
- 1 çay kaşığı mürver çiçeği özü
- 1 yemek kaşığı kurutulmuş mürver çiçeği (isteğe bağlı)

TALİMATLAR:

a) Fırınınızı 180°C'ye (350°F) önceden ısıtın ve çörek tepsisini pişirme spreyi ile yağlayın.

b) Büyük bir kapta un, şeker, kabartma tozu ve tuzu birlikte çırpın.

c) Başka bir kapta yağı, sütü, yumurtayı, mürver çiçeği ekstraktını ve kurutulmuş mürver çiçeğini (eğer kullanılıyorsa) birlikte çırpın.

ç) Islak malzemeleri kuru malzemelerin içine dökün ve birleşene kadar karıştırın.

d) Hazırladığınız çörek tepsisine hamuru kaşıkla dökün ve her kalıbın yaklaşık ¾'ünü doldurun.

e) 12-15 dakika veya çörekin ortasına batırdığınız kürdan temiz çıkana kadar pişirin.

f) Donutların tamamen soğuması için tel rafa aktarmadan önce birkaç dakika tavada soğumasını bekleyin.

11. Mürver Çiçeği Chia Pudingi

İÇİNDEKİLER:

- ¼ bardak chia tohumu
- 1 bardak süt (süt veya bitki bazlı)
- 2 yemek kaşığı mürver çiçeği şurubu veya mürver çiçeği çay konsantresi
- 1 yemek kaşığı bal veya dilediğiniz tatlandırıcı
- Üzeri için taze meyveler, kuruyemişler veya granola

TALİMATLAR:

a) Bir kavanoz veya kapta chia tohumlarını, sütü, mürver çiçeği şurubunu veya çay konsantresini ve balı birleştirin.

b) Birleştirmek için iyice karıştırın ve chia tohumlarının eşit şekilde dağıldığından emin olun.

c) Kavanozun kapağını kapatın ve karışım koyulaşıp puding kıvamına gelinceye kadar en az 2 saat veya gece boyunca buzdolabında bekletin.

ç) Topaklanmayı önlemek için soğuma süresi boyunca karışımı bir veya iki kez karıştırın.

d) Daha fazla doku ve lezzet için Elderflower chia pudingini soğutulmuş, üzerine taze meyveler, kuruyemişler veya granola ile servis edin.

12.Mürver Çiçeği Smoothie Kasesi

İÇİNDEKİLER:

- 1 dondurulmuş muz
- ½ bardak dondurulmuş meyveler (çilek, ahududu veya yaban mersini gibi)
- ¼ bardak Mürver Çiçeği çayı (güçlü demlenmiş ve soğutulmuş)
- ¼ fincan Yunan yoğurdu veya bitki bazlı yoğurt
- 1 yemek kaşığı chia tohumu
- Üst Malzemeler: dilimlenmiş meyveler, granola, hindistan cevizi gevreği, fındık vb.

TALİMATLAR:

a) Dondurulmuş muzu, dondurulmuş meyveleri, Mürver Çiçeği çayını, Yunan yoğurtunu ve chia tohumlarını bir karıştırıcıda birleştirin.
b) Pürüzsüz ve kremsi olana kadar karıştırın. Gerekirse, istenilen kıvama ulaşmak için bir miktar daha Mürver Çiçeği çayı veya su ekleyin.
c) Smoothie'yi bir kaseye dökün.
ç) Üzerine dilimlenmiş meyveler, granola, hindistan cevizi gevreği, fındık veya tercih ettiğiniz diğer malzemeleri ekleyin.
d) Besleyici bir kahvaltı olarak canlandırıcı ve canlı Elderflower smoothie kasesinin keyfini çıkarın.

13.Yabani Sarımsak ve Patates Frittata

İÇİNDEKİLER:

- 6 yumurta
- 1 bardak yabani sarımsak yaprağı, doğranmış
- 2 patates, ince dilimlenmiş
- 1 soğan, dilimlenmiş
- 1/2 bardak Parmesan peyniri, rendelenmiş
- 2 yemek kaşığı zeytinyağı
- Tatmak için biber ve tuz

TALİMATLAR:

a) Fırını önceden 375°F'ye (190°C) ısıtın.
b) Patatesleri ve soğanları zeytinyağında yumuşayana kadar soteleyin.
c) Bir kasede yumurtaları çırpın ve yabani sarımsak ve Parmesan peynirini ekleyerek karıştırın.
ç) Yumurta karışımını patates ve soğanların üzerine dökün.
d) Frittata sertleşene ve altın rengi kahverengi olana kadar fırında pişirin.

14.Mürver Çiçeği Fransız Tostu

İÇİNDEKİLER:

- 4 dilim ekmek
- 2 büyük yumurta
- ½ bardak süt
- 2 yemek kaşığı mürver çiçeği şurubu
- ½ çay kaşığı vanilya özü
- Pişirmek için tereyağı veya sıvı yağ
- Topingler: pudra şekeri, akçaağaç şurubu, taze meyveler vb.

TALİMATLAR:

a) Sığ bir kapta yumurtaları, sütü, mürver çiçeği şurubunu ve vanilya özünü birlikte çırpın.

b) Her bir dilim ekmeği yumurta karışımına batırın ve her iki tarafının da birkaç saniye ıslanmasını sağlayın.

c) Yapışmaz bir tavayı veya ızgarayı orta ateşte ısıtın ve az miktarda tereyağı veya yağı eritin.

ç) Islatılmış ekmek dilimlerini tavaya yerleştirin ve her iki tarafı da altın rengi kahverengi olana kadar yaklaşık 2-3 dakika pişirin.

d) Gerektiğinde tavaya daha fazla tereyağı veya yağ ekleyerek kalan ekmek dilimleri ile aynı işlemi tekrarlayın.

e) Elderflower Fransız tostunu, pudra şekeri, akçaağaç şurubu, taze meyveler veya bir parça çırpılmış krema gibi en sevdiğiniz malzemelerle sıcak olarak servis edin.

15.Mürver Çiçeği Waffleları

İÇİNDEKİLER:

- 1½ su bardağı (220g) çok amaçlı beyaz un
- ½ su bardağı (70g) kepekli un (veya tamamen beyaz un kullanın)
- 2 yumurta, ayrılmış
- ¾ bardak (180ml) süt, süt ürünleri veya bitki bazlı
- ¼ bardak (60ml) Mürver Çiçeği ve Limonlu İçki (veya ekstra süt yerine)
- ¼ bardak (60ml) doğal yoğurt (isteğe bağlı)
- 50 gr tereyağı, eritilmiş
- 2 çay kaşığı kabartma tozu
- 1 yemek kaşığı şeker
- Pişirmek için tereyağı veya sıvı yağ
- Karışık meyveler (dondurulmuşsa çözülmüş)
- Yoğurt veya krem şanti
- Akan bal veya akçaağaç şurubu

TALİMATLAR:

a) Beyaz unu bir karıştırma kabına koyarak başlayın. Ortasını havuz şeklinde açıp yumurta sarısını, sütü, likörü ve isteğe bağlı yoğurdu ekleyin. Kalın bir hamur elde edene kadar bu malzemeleri birlikte çırpın. Kaseyi bir tabakla örtün ve bir gece buzdolabında bekletin.

b) Yumurta aklarını kapalı bir kaba koyun ancak sabah işlemini kolaylaştırmak için mutfak tezgahının üzerinde saklayın (buzdolabına koymayın).

c) Hamuru buzdolabından alın. Tereyağını eritin ve kabartma tozuyla birlikte yavaşça hamurun içine katlayın.

ç) Yumurta aklarını ve şekeri ayrı bir kaseye koyun. Yumuşak zirveler oluşana kadar karıştırmak için elektrikli bir çırpma teli kullanın. Hamura, çırpılmış yumurta aklarından bir kaşık dolusu ekleyerek gevşetin, ardından kalan bezeyi yavaşça katlayın.

d) Karışımın hacmini korumak için aşırı karıştırmaktan kaçının. İsterseniz bu adımı atlayıp bir gece önceden yumurtanın tamamını ve şekeri hamura ekleyebilirsiniz.

e) Waffle makinenizi ısıtın. Az miktarda tereyağı ekleyin (yanmayı önlemek için sade tereyağı tercih edilir) ve sıcak plakaları bir hamur fırçası kullanarak eşit şekilde kaplayın.

f) Yaklaşık ½ fincan hamuru waffle makinesine koyun, kapağı indirin ve altın rengi oluncaya kadar pişirin, bu genellikle yaklaşık 2 dakika sürer.

g) Alternatif olarak, ağır tabanlı bir kızartma tavası kullanabilir ve sıcak kekleri orta ateşte her iki tarafı da altın rengi oluncaya kadar pişirebilirsiniz.

ğ) Pişmiş waffle'ları ıslanmalarını önlemek için masanın yanındaki pasta rafına yerleştirin. Hemen ısıtılmış meyveler ve bir parça yoğurt veya krema ile servis yapın, ardından üzerlerine bal veya akçaağaç şurubu gezdirin.

h) Şahane Mürver Çiçeği Waffle'larınızın tadını çıkarın!

16.Yeşillikler, otlar ve yumurtalardan oluşan pide

İÇİNDEKİLER:

- 2 £ Taze yeşillikler
- Tuz
- ½ demet Taze maydanoz; doğranmış
- ½ demet Dereotu; doğranmış
- 1 avuç taze Frenk maydanozu; kesmek.
- ¼ bardak Tereyağı veya margarin
- 1 demet Taze soğan; doğranmış
- ½ çay kaşığı Yer yenibaharı
- ½ çay kaşığı tarçın ve ½ çay kaşığı küçük hindistan cevizi
- 2 çay kaşığı Toz şeker
- Tuz ve taze çekilmiş karabiber
- 5 Yumurta; hafif çırpılmış
- 1 fincan Ufalanmış beyaz peynir
- ½ bardak Süt veya daha fazlası
- ½ bardak Tereyağı (isteğe bağlı); erimiş
- 12 Ticari filo sayfası

TALİMATLAR:

a) Ispanağı büyük bir kapta maydanoz, dereotu ve frenk maydanozuyla birleştirin ve iyice karıştırın. ¼ fincan tereyağını geniş bir tavada ısıtın , soğanları tereyağına ekleyin ve beyaz kısımları yarı saydam oluncaya kadar soteleyin .

b) Yeşillikleri, baharatları, şekeri ve baharat için yeterli miktarda tuz ve karabiberi ekleyin .

c) Şimdi yumurtaları, beyaz peyniri ve yeşillikleri doyurmaya yetecek kadar sütü ekliyoruz . 6 yufkayı açın ve her birine eritilmiş tereyağı sürün. Dolguyu eşit şekilde yayarak dökün. 45 dakika pişirin .

17.Taze otlu sosis

İÇİNDEKİLER:
- 4 Feet küçük domuz kovanları
- 2 pound Whitefish filetosu, küp şeklinde
- 1 Yumurta, dövülmüş
- 2 yemek kaşığı kıyılmış taze frenk soğanı
- 1 yemek kaşığı kıyılmış taze maydanoz
- 1 çay kaşığı Limon suyu
- ½ çay kaşığı Kereviz tuzu
- ½ çay kaşığı karabiber

TALİMATLAR:

a) Kılıfları hazırlayın. Balıkları mutfak robotuna koyun ve balıklar kırılıncaya kadar çalıştırın.
b) Kalan malzemeleri ekleyin ve her şey iyice karışana kadar işlem yapın.
c) Muhafazaları doldurun ve 3-4 inç uzunluğa bükün.

BAŞLAYANLAR

18.Bitki sirkesinde bebek havuç

İÇİNDEKİLER:
- 20 küçük Havuçlar
- ¾ bardak Şeker
- 1 yemek kaşığı Limon suyu
- 1 yemek kaşığı Tereyağı
- 2 yemek kaşığı Tarhun sirkesi

TALİMATLAR:
a) Küçük tencereye havuç, su ve limon suyunu koyun.
b) Kapağını kapatıp 5 dakika pişirin.
c) Kapağı çıkarın, ısıyı en yükseğe çıkarın ve sıvı buharlaşana kadar (5 dakika) karıştırarak pişirin. Isıyı azaltın.

19.Otlar ile enginar

İÇİNDEKİLER:

- 2 büyük Enginar (veya 4 orta boy)
- 1 küçük Havuç
- 1 küçük soğan
- 1 yemek kaşığı Zeytinyağı
- 2 yemek kaşığı Maydanoz; doğranmış
- ½ çay kaşığı fesleğen yaprağı, kurutulmuş
- ½ çay kaşığı Kekik
- ½ çay kaşığı Dereotu otu
- 1 diş sarımsak
- Tuz
- 1 bardak Şarap, kuru beyaz
- zevkinize biber

TALİMATLAR:

a) Blenderde havuç, soğan, maydanoz, kurutulmuş otlar, sarımsak ve tuzu ve karabiberi tatlandırın; ince kıyılana kadar işleyin. Enginar yapraklarının arasına bitki karışımını doldurun

b) Pişirme rafını, şarabı ve ½ bardak suyu 4 veya 6 qt'lık düdüklü tencereye yerleştirin. Enginarları rafa yerleştirin; kapağı güvenli bir şekilde kapatın. Basınç regülatörünü havalandırma borusuna yerleştirin.

c) 15 pound basınçta 20 dakika pişirin.

20.Limon otu sırlı kanepeler

İÇİNDEKİLER:
- Krem peynirli ve dilimlenmiş füme somonlu balkabağı ekmeği
- Dilimlenmiş yumurta ve havyar ile tereyağlı tuzlu çavdar
- Yaban turpu ile tuzlu çavdar; acı sos; minik karides
- 1⅔ bardak Su
- ⅛ çay kaşığı karabiber
- ½ Defne yaprağı
- ½ çay kaşığı Kurutulmuş dereotu
- 1 paket (3 oz.) limon aromalı jelatin
- 1 çizgi Cayenne biberi
- 3 yemek kaşığı Sirke

TALİMATLAR:
a) Bir rafa yerleştirin ve her kanepenin üzerine 2 ila 3 yemek kaşığı Limon-Ot Sırını ekleyin.
b) Limon-Ot Sır: Suyu kaynatın; karabiber, defne yaprağı ve kurutulmuş dereotu ekleyin. Kapağını kapatın ve yaklaşık 10 dakika pişirin. Gerilmek. Sıcak sıvıda jelatin, tuz ve kırmızı biberi eritin. Sirke ekleyin. Hafifçe kalınlaşana kadar soğutun. Kanepelerin üzerine kaşık karışımı

21.Taze otlu peynirli pizza

İÇİNDEKİLER:

- 1 yemek kaşığı Mısır unu
- 1 kutu (10 oz.) Her Şeye Hazır Pizza Kabuğu
- 1 yemek kaşığı Zeytinyağı veya sıvı yağ
- 1 diş sarımsak; kıyılmış
- 6 ons Rendelenmiş Mozzarella peyniri
- ½ bardak Rendelenmiş parmesan peyniri
- 1 yemek kaşığı kıyılmış taze fesleğen
- 1 yemek kaşığı kıyılmış taze kekik

TALİMATLAR:

a) 12 inçlik pizza tavasını veya 13x9 inçlik tavayı yağlayın; mısır unu serpin. Hamuru açın; yağlanmış tavaya bastırın.

b) Küçük kapta yağı ve sarımsağı birleştirin; hamurun üzerine gezdirin. Mozzarella peyniri, Parmesan peyniri, fesleğen ve kekik ile eşit şekilde doldurun.

c) 425°C'de 13-16 dakika veya kabuk koyu altın rengi kahverengi olana kadar pişirin.

22.Taze ot ve frenk soğanlı bisküvi

İÇİNDEKİLER:

- 8 ons Sert ipeksi tofu
- ⅓ bardak Elma suyu
- 1 yemek kaşığı Limon suyu
- 1 su bardağı tam buğday unu
- 1 fincan çok amaçlı un
- 2 çay kaşığı kabartma tozu
- ½ çay kaşığı Kabartma tozu
- ¼ çay kaşığı Tuz, isteğe bağlı
- 2 yemek kaşığı Fesleğen, doğranmış -=VEYA=-
- 1 yemek kaşığı Fesleğen, kurutulmuş
- 2 yemek kaşığı Frenk soğanı, doğranmış -=VEYA=-
- 1 yemek kaşığı Frenk soğanı, kurutulmuş

TALİMATLAR:

a) Fırını 450F'ye önceden ısıtın ve kurabiye sayfalarını yağlayın.
b) Tofuyu pürüzsüz olana kadar karıştırın. Elma suyu ve limon suyunu karıştırın. Orta boy bir karıştırma kabına aktarın ve bir kenara koyun. Sonraki 5 malzemeyi birlikte eleyin ve tofu karışımına ekleyin. Fesleğen ve frenk soğanını karıştırın. Hamuru hafifçe unlanmış tezgahta açın ve top haline getirin. Hamuru yarım inç kalınlığında açın ve kurabiye kalıbıyla kesin. 12 dakika pişirin ve hemen servis yapın.

23.Vietnam Usulü Sigara Böreği

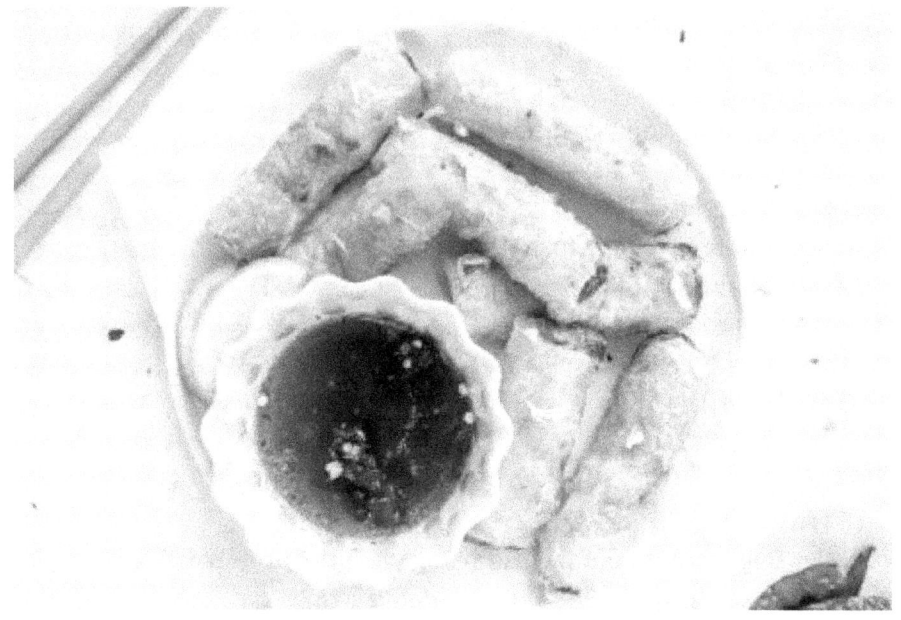

İÇİNDEKİLER:

- 1 Kırmızı balığı
- 2 yemek kaşığı Balık sosu
- 2 yemek kaşığı Bal
- ½ çay kaşığı Asya susam yağı
- 40 Pirinç kağıdı sarmalayıcı
- Nane ve taze kişniş
- İnce dilimler İngiliz salatalık
- ½ pound Taze fasulye filizi
- Lahana Yaprakları
- ¼ bardak pirinç sirkesi
- ¼ bardak limon suyu
- ¼ bardak Şeker
- ¼ çay kaşığı Sıcak Asya biber sosu

TALİMATLAR:

a) Balık sosunu bal ve susam yağıyla birleştirin. Balığa sürün. 40 ila 45 dakika boyunca 425F/210C'de kızartın.

b) Küçük bir servis kabında sos için gerekli malzemeleri birleştirin.

c) Bir parça balığı kırın ve her ambalajın ortasına ortanın hemen altına yerleştirin. Balığın üzerine nane ve kişniş, 1 dilim salatalık ve biraz fasulye filizi ekleyin. Sosu gezdirin.

24.Kızarmış hellim peyniri

İÇİNDEKİLER:

- 4 adet olgun erik domates
- 1 Kırmızı soğan
- 1 Salatalık
- 20 Siyah zeytin; Çukurlu
- 1 demet düz maydanoz
- 100 gram Hellim peyniri
- Reyhan; ince doğranmış
- Kişniş; ince doğranmış
- Frenk maydanozu
- Frenk soğanı
- 200 mililitre Zeytinyağı
- 2 Limon; suyu
- 1 yemek kaşığı Beyaz şarap sirkesi
- Tuz ve biber

TALİMATLAR:

a) Bütün bunları bir kasede soğan ve biraz maydanozla karıştırın. Biraz zeytinyağı, tuz ve karabiberle süsleyin.

b) Sıcak yapışmaz tavada Hellim peynirini yağsız kızartın.

c) Salatanın üzerine yerleştirin ve tabağın etrafına bitki yağını gezdirin. Şimdi biraz limon suyu ekleyin.

25.Bitki kızartması

İÇİNDEKİLER:

- 1 pound Karışık bitki salatası yaprakları
- ¼ bardak Taze rendelenmiş parmesan
- 3 Serbest gezinen yumurta; hafif çırpılmış
- 1 su bardağı taze ekmek kırıntısı
- 2 yemek kaşığı Tuzsuz tereyağı
- Ayçiçek yağı
- Tuz ve taze çekilmiş karabiber

TALİMATLAR:

a) Bitki yapraklarını orta boy bir kaseye yerleştirin. Soğan, fesleğen, parmesan, galeta unu, yumurta ve baharatları ekleyip karıştırın.

b) Tereyağını geniş bir tavada eritin. Tavada yarım santim yağ kalacak şekilde yeterli miktarda yağ ekleyin. Her bir börek için karışımdan 1 cömert yemek kaşığı kullanarak, fritelleyi her seferinde yaklaşık 3 dakika, koyu altın rengi olana kadar birer birer kızartın.

c) Mutfak kağıdına boşaltın; kalan fritelle pişene kadar kısık ateşte sıcak tutun.

26. Birada otlu karides

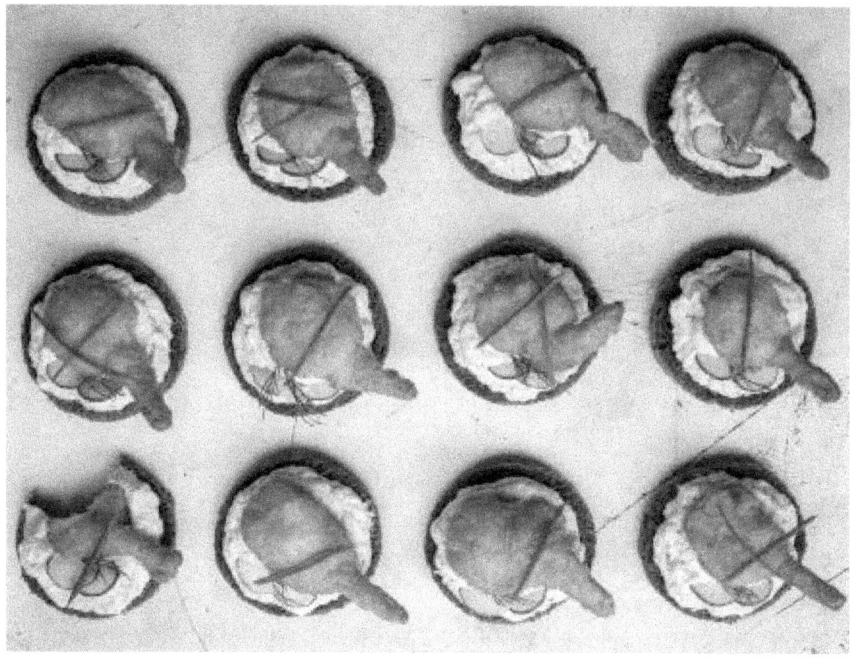

İÇİNDEKİLER:
- 2 pound Soyulmuş çiğ karides
- 1½ fincan Büyük batı birası
- 2 Diş Sarımsak, kıyılmış
- 2 yemek kaşığı Frenk soğanı, doğranmış
- 2 yemek kaşığı Maydanoz, doğranmış
- 1½ çay kaşığı Tuz
- ½ çay kaşığı Biber
- Kıyılmış marul
- 2 Yeşil soğan, ince doğranmış

TALİMATLAR:
a) Marul ve yeşil soğan dışındaki tüm malzemeleri bir kasede birleştirin.
b) Örtün, 8 saat veya gece boyunca buzdolabında saklayın; ara sıra karıştır. Boşaltın, turşuyu ayırın
c) Karidesleri pişene ve yumuşayana kadar ateşten 4 inç kadar kızartın.
ç) Aşırı pişirmeyin, aksi halde karidesler sertleşir. Ara sıra marine ile fırçalayın.
d) Karidesleri rendelenmiş marulun üzerinde servis edin; doğranmış yeşil soğan serpin.

27.Otlar ile kuru incir

İÇİNDEKİLER:

- ½ kilo Kuru incir
- ½ pound Kurutulmuş kızılcık
- 2 bardak Kırmızı şarap
- ¼ bardak Lavanta veya aromalı bal
- Tülbentle bağlanmış baharatlar:

TALİMATLAR:

a) İncirleri kırmızı şarap ve bal ile bir tencereye ve çeşitli otlarla birlikte tülbent ekleyin. Kaynamaya bırakın ve kapağı kapalı olarak 45 dakika veya gerçekten yumuşayana kadar pişirin.

b) İncirleri tencereden çıkarın; Sıvıyı yarısından fazlası kalana kadar kaynatın.

c) Baharatları tülbentin içine atın. Olduğu gibi servis yapın veya üzerine vanilya şerbeti veya buzlu süt dökün.

28.Kolay bitki focaccia

İÇİNDEKİLER:

- 16 ons Paketlenmiş Sıcak Rulo Karışımı
- 1 Yumurta
- 2 yemek kaşığı Zeytin yağı
- ⅔ fincan Kırmızı soğan; İnce doğranmış
- 1 çay kaşığı Kurutulmuş Biberiye; Ezilmiş
- 2 çay kaşığı Zeytin yağı

TALİMATLAR:

a) İki adet yuvarlak fırın tepsisini hafifçe yağlayın.

b) 1 yumurtayı kullanarak ve paketin üzerinde belirtilen margarin yerine 2 yemek kaşığı yağ koyarak, temel hamur için paket talimatlarına göre sıcak rulo karışımını hazırlayın. Hamuru yoğurun; söylendiği gibi dinlenmeye bırakın. Yuvarlak pişirme tavaları kullanıyorsanız hamuru ikiye bölün; iki adet 9 inçlik tur halinde yuvarlayın. Hazırlanan tavaya yerleştirin.

c) Soğanı ve biberiyeyi tavada 2 çay kaşığı sıcak yağda yumuşayana kadar pişirin. Parmak uçlarınızla hamurun her santimetresine kadar girintilere basın

ç) 375 derecelik fırında 15 ila 20 dakika veya altın rengi olana kadar pişirin. Tel raf üzerinde 10 dakika soğutun. Tavadan çıkarın ve tamamen soğutun.

29.Yabani Mantar Bruschetta

İÇİNDEKİLER:

- 1 su bardağı yabani mantar (chanterelles, kuzugöbeği veya mevcut herhangi biri), doğranmış
- 1 baget
- 2 diş sarımsak, kıyılmış
- 2 yemek kaşığı zeytinyağı
- Tatmak için biber ve tuz

TALİMATLAR:

a) 1 su bardağı yabani mantarı temizleyip doğrayın.
b) Mantarları 2 yemek kaşığı zeytinyağında 2 diş kıyılmış sarımsakla soteleyin.
c) Baget dilimlerini kızartın.
ç) Sotelenmiş mantarlı üst baget dilimleri.
d) Tuz ve karabiberle tatlandırın. Sıcak servis yapın.

30.Yabani Sarımsak Pesto Crostini

İÇİNDEKİLER:

- 1 bardak yabani sarımsak yaprağı
- 1/2 su bardağı çam fıstığı
- 1/2 bardak Parmesan peyniri, rendelenmiş
- 1/2 su bardağı zeytinyağı
- Baget dilimleri
- Tatmak için biber ve tuz

TALİMATLAR:

a) Yabani sarımsak, çam fıstığı, Parmesan peyniri ve zeytinyağını pürüzsüz hale gelinceye kadar karıştırın.

b) Baget dilimlerini kızartın ve yabani sarımsaklı pesto ile yayın.

c) Tuz ve karabiberle tatlandırın.

31.Meşe Palamudu Kabak Börek

İÇİNDEKİLER:

- 2 su bardağı meşe palamudu kabak, rendelenmiş
- 1 yumurta
- 1/4 su bardağı un
- 1/4 bardak Parmesan peyniri, rendelenmiş
- 1/4 bardak yeşil soğan, doğranmış
- Tatmak için biber ve tuz
- Kızartmak için zeytinyağı

TALİMATLAR:

a) Rendelenmiş meşe palamudu kabak, yumurta, un, Parmesan ve yeşil soğanı karıştırın.

b) Küçük köfteler yapın ve zeytinyağında altın kahverengi olana kadar kızartın.

c) Tuz ve karabiberle tatlandırın. Sıcak servis yapın.

BAŞLANGIÇLAR

32. Güneş Boğması Çorbası

İÇİNDEKİLER:

- 2 lbs güneş şoku
- 2 sap kereviz, kabaca doğranmış
- 1 adet doğranmış soğan
- 2 yemek kaşığı zeytinyağı
- 1 diş sarımsak
- 4 su bardağı sebze suyu
- ½ çay kaşığı kurutulmuş kekik, kurutulmuş fesleğen yaprağı ve kekik
- 1 bardak su
- Tatmak için biber ve tuz

TALİMATLAR:

a) Güneş şoklarını gidermek için fırçalayın
b) kiri temizleyin ve ardından su altında durulayın. Temizledikten sonra ayçiçekleri kabaca küpler halinde doğrayın ve büyük bir tencereye koyun.
c) Güneş şokları suya batıncaya kadar tencereyi suyla doldurun. Sunchokes'ları yumuşayana kadar yaklaşık 8 dakika kaynatın. Drenaj yapın ve ardından bir kenara koyun.
ç) Büyük bir Hollanda fırınında zeytinyağını ısıtın ve doğranmış soğanı ve kıyılmış sarımsağı ekleyin. Soğan şeffaflaşınca doğranmış kerevizi ekleyin. Sık sık karıştırarak yaklaşık 3 dakika pişirin.
d) Pişmiş ayçiçeği, kekik, fesleğen yaprağı, kekik, et suyu ve suyu ekleyin. Birleştirmek için karıştırın.
e) Çorbayı kaynatın, ardından altını kısın. Sunchokes yumuşak ve yumuşak oluncaya kadar 40 dakika pişirin.
f) Çorbayı soğumaya bırakın, ardından çorba kremsi ve pürüzsüz hale gelinceye kadar blenderde yüksek hızda karıştırın.

33.Kestane Kaplamalı Tavuk Göğsü

İÇİNDEKİLER:
- Kestane Akçaağaç Sosu
- Amerikan Erikli Ketçap
- 4 tavuk göğsü
- 2 diş kıyılmış sarımsak
- 1 dilimlenmiş soğan
- 1 yemek kaşığı zeytinyağı
- Tuz ve biber

TALİMATLAR:
a) Zeytini tavada orta ateşte ısıtın. Parıldamaya başlayınca dilimlenmiş soğanı ve bir tutam maydanozu ekleyin.

b) tuz. 5 dakika pişmeye bırakın, ardından kapağını kapatın ve 10 dakika daha karamelize olmasını bekleyin. Kıyılmış sarımsağı ekleyip 1 dakika pişirin.

c) Tavuk göğüslerini tavaya ekleyin ve her iki tarafını da hafifçe kızarıncaya ve artık pembeleşmeyene kadar pişirin.

ç) Kestane akçaağaç sosunu her tavuk göğsünün üzerine sürün ve tavuk sostan karamelize olana kadar her iki tarafı da yaklaşık üçer dakika pişirin.

d) Tavaya fazladan ½ bardak kestane akçaağaç sosu dökün. Tavukla birlikte 2 dakika daha pişirin.

e) Tabağa kavrulmuş sebzelerle soslanmış tavuk göğsü ve bir parça Amerikan Erik ketçapı servis edin.

34.Balkabagi Tay Körisi

İÇİNDEKİLER:

- 2 su bardağı yer fıstığı, geceden suya batırılmış
- 1 kutu hindistan cevizi sütü
- 1 su bardağı sebze suyu
- 2 yemek kaşığı Tay kırmızı biber salçası
- 1 yemek kaşığı bitkisel veya kanola yağı
- 1 arpacık soğanı, dilimlenmiş
- 2 diş sarımsak, kıyılmış
- 1 çay kaşığı rendelenmiş zencefil
- 1 kırmızı dolmalık biber, uzunlamasına şeritler halinde kesilmiş
- 1 su bardağı yeşil fasulye
- ½ çay kaşığı acı biber
- ½ çay kaşığı biber tozu

TALİMATLAR:

a) Islatılmış yer fıstığının suyunu boşaltın ve yüksek hızlı bir blender veya mutfak robotuna yerleştirin. Pürüzsüz ve kremsi olana kadar işleyin. .

b) Bir stok tavasında veya Hollandalı fırında, bitkisel yağı orta ateşte ısıtın. Dilimlenmiş arpacık soğanı ve kıyılmış sarımsağı ekleyin. Arpacık soğanları yarı saydam oluncaya kadar yaklaşık 5 dakika karıştırın.

c) Kıyılmış zencefil, Tay kırmızı biberi, kırmızı biber ve kırmızı biber tozunu karıştırın. Yaklaşık 45 saniye kadar ısınmasına ve hoş kokulu hale gelmesine izin verin.

ç) Doğranmış kırmızı biberi ve yeşil fasulyeyi ekleyin. 1 dakika karıştırın, ardından harmanlanmış yer fıstığını ve sebze suyunu ekleyin. Kaynamaya bırakın ve orta-düşük ateşte yaklaşık 10 dakika pişirin.

d) Hindistan cevizi sütünü dökün. Tamamen karışana kadar karıştırın ve kaynatın. Isıyı azaltın ve kaynamaya bırakın, ardından kapağını kapatıp 15 dakika pişirin.

35. Isırgan Otu Gnocchi

İÇİNDEKİLER:
- 2 bardak paketlenmiş ısırgan otu
- 2 yumurta
- 2 adet büyük boy patates
- 1 fincan çok amaçlı un
- 1 yemek kaşığı zeytinyağı
- Tuz ve biber
- limon kabuğu rendesi (süslemek için)

TALİMATLAR:

a) Büyük bir tencereye su doldurun. Patatesleri ekleyip yüksek ateşte patatesler yumuşayıncaya kadar pişirin.

b) Bu arada ısırgan otlarını hazırlayın. Yerleştirin

c) Isırgan otlarını bir kaseye koyun ve ısırganlar suya batıncaya kadar kabı suyla doldurun. Herhangi bir kiri temizlemek için ısırgan otlarını kuvvetlice karıştırın. Bir dakika bekletin, ardından ısırgan otlarını bir kevgirden geçirin. Son bir kez durulamak için kevgirdeki ısırgan otlarının üzerine su dökün.

ç) Zeytinyağını bir tavada orta ateşte ısıtın. Isırganları ekleyip karıştırın. Isırganlar solana kadar yaklaşık 5 dakika pişirin.

d) Isırgan otunu, yumurtayı ve bir çorba kaşığı suyu blendera koyun. Bir tutam tuz ve karabiber ekleyin. Karışımı bir macun oluşuncaya kadar karıştırın.

e) Patatesler piştikten sonra soğumaya bırakın. İnce patates parçaları elde etmek için patatesleri pirinçten geçirin veya rendeleyin, ardından pirinçli/rendelenmiş patatesleri bir kasede ezin.

f) Isırgan otu ezmesini patateslere ekleyin ve karıştırın. Unu ekleyip pürüzsüz ve hafif ele yapışan bir hamur oluşana kadar yoğurun. Hamuru iki parçaya kesin.

g) Bir hamur parçasını unlu bir yüzeye yerleştirin ve bir kütük haline getirin. Günlüğü ½ inçlik parçalar halinde kesin. Diğer hamur parçasıyla aynı işlemi tekrarlayın.

ğ) Büyük bir tencereye bir tutam tuzla su koyup kaynatın. Gnocchi'yi dört parti halinde pişirin. Gnocchi suyun üstüne çıktığında pişmiş demektir.

h) Servis etmeye hazır olduğunuzda gnocchi'yi biraz zeytinyağı, limon kabuğu rendesi ve karabiberle süsleyin.

36.Mürver Sırlı Tilapia

İÇİNDEKİLER:
- 1 bardak toplanmış mürver
- ½ çay kaşığı toz tarçın
- 1 çay kaşığı dövülmüş portakal kabuğu rendesi
- 1 çay kaşığı toplanmış limon kabuğu rendesi
- ½ su bardağı hazır su
- ½ su bardağı toz haline getirilmiş bal
- Tilapia filetosu (mümkünse vahşi yakalanmış)
- 1 yemek kaşığı toplanmış zeytinyağı
- Tatmak için biber ve tuz
- Tatmak için taze toplanmış limon suyu

TALİMATLAR:

a) Orta boy bir toplanmış sepette, mürver meyvelerini, toplanmış tarçını, toplanmış portakal kabuğu rendesini, toplanmış limon kabuğu rendesini ve toplanmış suyu birleştirin. Rustik bir yemek pişirme deneyimi için sepeti açık ateşin veya portatif ocağın üzerine yerleştirin.

b) Karışımı hafifçe kaynatın, ardından ısıyı azaltın ve karışım koyulaşıp azalıncaya kadar kaynamaya bırakın.

c) Toplanan karışımın hafifçe soğumasını bekleyin, ardından bunu bir toplanmış kasenin üzerine yerleştirilmiş ince gözenekli toplanmış eleğin üzerine dökün. Toplanan katıları atın.

ç) Toplanan mürver suyunun, dış ortam sıcaklığında 15 dakika boyunca kasede beklemesine veya 30 dakika boyunca gölgeli bir toplanmış alanda örtülmesine izin verin. Soğuduktan sonra, toplanan balı bir araya gelinceye kadar karıştırın. Bir kenara koyun.

d) Bu arada, açık alev veya ızgara kullanarak derme çatma bir açık hava piliç kurun. Açık hava keşiflerinizde bulduğunuz, toplanmış sığ bir kızartma tavasında veya güveç kabında, yabani olarak yakalanan tilapia filetolarını tek bir katman halinde düzenleyin.

e) Tilapia'yı açık havada veya ızgarada 5 dakika boyunca veya harika dış mekanın özünü yakalayana kadar pişirin.

f) Tilapiyi açık havadaki piliçten çıkarın ve balığa yemlenmiş zeytinyağı ve bir tutam tuz ve karabiber serpin. Doğanın cömertliğinden elde edilen mürver sırını filetoların üzerine, kaplanıncaya kadar ama aşırı ıslanmadan dökün.

g) Tavayı 5 dakika daha açık hava ızgarasına geri koyun ve filetoların üst kısımlarının vahşi bir ziyafeti anımsatan hafif karamelize bir mükemmelliğe ulaşmasını sağlayın.

ğ) Toplanmış Mürver Sırlı Tilapia'nızın, bir tutam toplanmış limon ve ekstra bir parça yabani sırla tadını çıkarın. Her lokmada harika açık hava lezzetlerinin tadını çıkarın!

37.Bavarian bitki çorbası

İÇİNDEKİLER:
- 1 kilo otlar
- 4 yemek kaşığı Tereyağı
- 1 büyük soğan, doğranmış
- 1 litre Su veya sebze suyu
- 1 büyük patates, soyulmuş ve küçük küpler halinde doğranmış
- tuz ve biber
- kruton için ekmek küpleri
- frenk maydanozu, su teresi, ıspanak, kuzukulağı

TALİMATLAR:
a) Tereyağını derin bir tavada eritin ve soğanı şeffaflaşana kadar hafifçe kızartın. Suyu veya et suyunu dökmeden önce bitkileri ekleyin ve bir süre terletin. Patatesi çorbaya ekleyin. Çorbayı kaynatın, ardından ateşi kısın. 20 dakika kaynatın. Patatesi çorbanın içinde ezerek biraz koyulaştırın. Tadına bakın ve tuz ve taze çekilmiş karabiber ekleyin.

b) Tereyağı veya pastırma yağında kızartılmış ekmek krutonları ile servis yapın

38.Yaz kabak çorbası

İÇİNDEKİLER:
- 4 orta boy Kabak; yıkama, dilimlenmiş 1"
- 1 büyük Sarı Crookneck Kabak; yıkama, dilimlenmiş 1"
- 1 Patty tavası Kabak; dörde bölünmüş
- 1 büyük Soğan; ince dilimlenmiş
- 1 çay kaşığı Sarımsak; ince kıyılmış
- 3 su bardağı Tavuk Suyu; yağı alınmış (3 ila 3,5)
- Tuz ve Taze Çekilmiş Beyaz Biber; tatmak
- 2 yemek kaşığı Taze Fesleğen; ince doğranmış
- 2 yemek kaşığı Taze Maydanoz; ince doğranmış
- 1 yemek kaşığı Limon Suyu
- 1 bardak Ayran
- Taze fesleğen; doğranmış
- Taze maydanoz; doğranmış

TALİMATLAR:

a) Büyük bir tencereye tüm kabakları yerleştirin. Soğanı, sarımsağı, et suyunu, tuzu ve karabiberi ekleyin; kaynatın, örtün, ısıyı azaltın ve 20 ila 25 dakika pişirin.

b) Fesleğen, maydanoz ve limon suyuyla mutfak robotu veya blenderde pürüzsüz hale gelinceye kadar püre haline getirin.

c) Ayranı karıştırın

ç) Servis etmeye hazır olduğunuzda pürüzsüz hale gelinceye kadar çırpın ve baharatını tuz ve karabiberle ayarlayın.

39.Yabani Mantar Risotto

İÇİNDEKİLER:

- 1 su bardağı yabani mantar (chanterelles, kuzugöbeği veya mevcut herhangi biri)
- 1 su bardağı Arborio pirinci
- 1/2 bardak kuru beyaz şarap
- 4 su bardağı sebze veya tavuk suyu
- 1 soğan, ince doğranmış
- 2 diş sarımsak, kıyılmış
- 1/2 bardak Parmesan peyniri, rendelenmiş
- 2 yemek kaşığı tereyağı
- Tatmak için biber ve tuz

TALİMATLAR:

a) Soğanları ve sarımsakları tereyağında şeffaflaşana kadar soteleyin.
b) Arborio pirincini ekleyin ve hafifçe kızarana kadar pişirin.
c) Beyaz şarabı dökün ve çoğunlukla buharlaşana kadar karıştırın.
ç) Pirinç pişene kadar sık sık karıştırarak yavaş yavaş sıcak et suyunu ekleyin.
d) Yabani mantarları ve Parmesan peynirini karıştırın. Tuz ve karabiberle tatlandırın. Sıcak servis yapın.

40. Isırgan Otu ve Patates Çorbası

İÇİNDEKİLER:
- 4 su bardağı taze ısırgan otu yaprağı
- 2 patates, doğranmış
- 1 soğan, doğranmış
- 2 diş sarımsak, kıyılmış
- 4 su bardağı sebze suyu
- 2 yemek kaşığı zeytinyağı
- Tatmak için biber ve tuz

TALİMATLAR:
a) Isırgan otlarını tutmak için eldiven giyin. Sapları çıkarın ve yaprakları doğrayın.
b) Soğanları ve sarımsakları zeytinyağında şeffaflaşana kadar soteleyin.
c) Patates, ısırgan otu ve sebze suyunu ekleyin. Patatesler yumuşayıncaya kadar pişirin.
ç) Çorbayı pürüzsüz hale gelinceye kadar karıştırın. Tuz ve karabiberle tatlandırın.

41.Toplanmış Ot-Kabuklu Alabalık

İÇİNDEKİLER:
- 4 alabalık filetosu
- 1/2 su bardağı karışık yem bitkileri (biberiye, kekik, kekik), doğranmış
- 2 yemek kaşığı zeytinyağı
- 1 limon, dilimlenmiş
- Tatmak için biber ve tuz

TALİMATLAR:
a) Fırını önceden 375°F'ye (190°C) ısıtın.
b) Kıyılmış otları zeytinyağıyla karıştırın.
c) Bitki karışımını alabalık filetolarının üzerine sürün. Tuz ve karabiberle tatlandırın.
ç) Üzerine limon dilimlerini yerleştirin ve balıklar kolayca pul pul dökülene kadar 15-20 dakika pişirin.

42.Yemyeşil Yaprak Dolması

İÇİNDEKİLER:

- 1 su bardağı toplanmış yeşillik (karahindiba yaprakları, muz yaprakları)
- 1 su bardağı pirinç, pişmiş
- 1/4 su bardağı çam fıstığı
- 1/4 bardak kuş üzümü
- 1 limon, suyu sıkılmış
- Üzüm yaprakları (taze veya konserve)
- Zeytin yağı
- Tatmak için biber ve tuz

TALİMATLAR:

a) Üzüm yapraklarını kaynar suda yumuşayana kadar haşlayın.
b) Pişmiş pirinç, taze yeşillikler, çam fıstığı, kuş üzümü ve limon suyunu bir kasede karıştırın.
c) Karışımdan birer kaşık dolusu üzüm yaprağının üzerine koyun ve sıkı bir demet halinde yuvarlayın.
ç) Doldurulmuş üzüm yapraklarını bir fırın kabına dizin, üzerine zeytinyağı gezdirin ve iyice ısınana kadar pişirin.

43.Yabani Ot ve Keçi Peyniri Dolması Tavuk Göğsü

İÇİNDEKİLER:
- 4 tavuk göğsü
- 1 su bardağı karışık yemlenmiş otlar (kekik, adaçayı, mercanköşk), doğranmış
- 1/2 bardak keçi peyniri
- 2 yemek kaşığı zeytinyağı
- Tatmak için biber ve tuz

TALİMATLAR:
a) Fırını önceden 375°F'ye (190°C) ısıtın.
b) Kıyılmış otları keçi peyniri ile karıştırın.
c) Her tavuk göğsüne bir cep açın ve ot ve keçi peyniri karışımıyla doldurun.
ç) Tavuk göğüslerini tuz ve karabiberle tatlandırın, ardından zeytinyağında altın rengi oluncaya kadar kızartın. Tamamen pişene kadar fırında pişirmeyi bitirin.

44. Fiddlehead Eğrelti Otu ve Kuşkonmaz Tavada Kızartma

İÇİNDEKİLER:
- 1 bardak fiddlehead eğrelti otları, temizlenmiş
- 1 bardak kuşkonmaz, dilimlenmiş
- 1 yemek kaşığı susam yağı
- 2 diş sarımsak, kıyılmış
- Tatmak için soya sosu
- Garnitür için susam tohumları

TALİMATLAR:
a) Fiddlehead eğrelti otlarını ve kuşkonmazı kaynar suda birkaç dakika haşlayın, sonra süzün.
b) Susam yağını bir tavada ısıtın, kıyılmış sarımsakları ekleyin ve beyazlatılmış sebzeleri karıştırarak kızartın.
c) Damak tadınıza göre soya sosunu ekleyin ve sebzeler yumuşayıncaya kadar pişirmeye devam edin.
ç) Servis yapmadan önce susam tohumu ile süsleyin.

45.Cantharellus cibarius ve pırasa kiş

İÇİNDEKİLER:
- 1 turta kabuğu
- 2 bardak Chanterelle mantarı, temizlenmiş ve dilimlenmiş
- 1 pırasa, ince dilimlenmiş
- 1 su bardağı Gruyere peyniri, rendelenmiş
- 4 yumurta
- 1 bardak süt
- Tatmak için biber ve tuz

TALİMATLAR:
a) Fırını önceden 375°F'ye (190°C) ısıtın.
b) Chanterelle mantarlarını ve pırasayı yumuşayana kadar soteleyin.
c) Bir kapta yumurta, süt, tuz ve karabiberi birlikte çırpın.
ç) Sotelenmiş mantarları ve pırasayı tart hamurunun içine yerleştirin, üzerine rendelenmiş peynir ekleyin ve üzerine yumurta karışımını dökün.
d) Kiş sertleşene ve altın rengi kahverengi olana kadar pişirin.

46.Kurutulmuş meyveli kaşa

İÇİNDEKİLER:
- 2 yemek kaşığı Kanola yağı
- 1 büyük Soğan (lar), ince doğranmış
- 3 ila 4 sap kereviz
- 2 yemek kaşığı Adaçayı, kıyılmış
- 2 yemek kaşığı kekik yaprağı
- Tatmak için biber ve tuz
- 1 limonun kabuğu, kıyılmış
- 4 bardak Ekstra lezzet için tavuk suyunda pişirilmiş bütün kaşa kabuğu çıkarılmış tane
- 1 su bardağı doğranmış karışık kuru meyve
- ½ su bardağı kavrulmuş ceviz

TALİMATLAR:

a) Yağı büyük bir tavada ısıtın ve soğanları ara sıra karıştırarak solana kadar soteleyin. Kereviz, adaçayı, kekik, tuz ve karabiberi ekleyip 5 dakika daha karıştırarak pişirin.

b) Limon kabuğunu karıştırın ve pişmiş kaşa ile birleştirin. Kurutulmuş meyveleri buharda haşlayarak yumuşatın ve cevizle birlikte ekleyin.

c) Garnitür olarak sıcak servis yapın veya doldurma olarak kullanın.

47.Otlu tavuk kreması

İÇİNDEKİLER:
- 1 can Kremalı Tavuk Çorbası
- 1 can Tavuk suyu
- 1 kutu Süt
- 1 kutu Su
- 2 su bardağı Bisquick Pişirme Karışımı
- ¾ bardak Süt

TALİMATLAR:
a) Çorba kutularını büyük tavaya boşaltın
b) Kutulardaki su ve sütü karıştırın. Pürüzsüz olana kadar birlikte karıştırın. Kaynayana kadar orta ateşte ısıtın
c) Bisquick ve sütü karıştırın. Hamur kalın ve yapışkan olmalıdır. Kaynayan çorbaya hamurdan çay kaşığı kadar dökün.
ç) Köfteleri yakl. 8 ila 10 dakika. açıkta

48.Kayısı Dijon sırlı hindi

İÇİNDEKİLER:
- 6 adet tavuk bulyon küpü
- 1½ bardak pişmemiş uzun taneli beyaz pirinç
- ½ su bardağı dövülmüş badem
- ½ su bardağı kıyılmış kuru kayısı
- Üstleri ile 4 yeşil soğan; dilimlenmiş
- ¼ bardak Kıyılmış taze maydanoz
- 1 yemek kaşığı portakal kabuğu rendesi
- 1 çay kaşığı Kurutulmuş biberiye; ezilmiş
- 1 çay kaşığı Kurutulmuş kekik yaprakları
- 1 Kemiksiz hindi göğsü yarısı - yaklaşık 2 1/2 pound
- 1 fincan Kayısı reçeli veya portakal marmelatı
- 2 yemek kaşığı Dijon hardalı

TALİMATLAR:
a) Otlu pilav için suyu kaynatın. Bulyon ekleyin . Ateşten alıp bir kaseye alın. Hindi hariç kalan tüm pilav malzemelerini ekleyin ; iyice karıştırın. Hindiyi pirinç karışımının üzerine yerleştirin .
b) Kapağını kapatıp 45 dakika pişirin
c) Hindiyi fırından çıkarın; Fırın Eldiveni ile Baker'ı dikkatlice çıkarın.
ç) Pilavı servis yapmadan hemen önce karıştırın, hindi ve sosla servis yapın.

49.Ot soslu tavuk ve pilav

İÇİNDEKİLER:

- ¾ bardak Sıcak su
- ¼ fincan Beyaz şarap
- 1 çay kaşığı Tavuk aromalı bulyon granülleri
- 4 (4 oz.) derisi soyulmuş ve kemikleri çıkarılmış yarım tavuk göğsü
- ½ çay kaşığı Mısır Nişastası
- 1 yemek kaşığı Su
- 1 paket Neufchatel usulü peynir, otlar ve baharatlarla
- 2 su bardağı Sıcak pişmiş uzun taneli pirinç

TALİMATLAR:

a) Sıcak su, şarap ve bulyon granüllerini büyük bir tavada orta-yüksek ateşte kaynatın. Isıyı azaltın ve tavuğu ekleyin, 15 dakika pişirin; 8 dakika sonra dönüyoruz. Bittiğinde tavuğu çıkarın, sıcak tutun. Pişirme sıvısını kaynatın, ⅔ bardağa düşürün.

b) Mısır nişastası ve suyu birleştirin ve sıvıya ekleyin. Kaynatın ve sürekli karıştırarak 1 dakika pişirin. Krem peyniri ekleyin ve tel çırpıcıyla sürekli karıştırarak iyice karışıncaya kadar pişirin. Hizmet etmek:

c) Tavuklu pilav, tavuk üzerine kaşık sos

50.Kremalı ve otlu tavuk

İÇİNDEKİLER:

- 6 Tavuk budu, derisi alınmış ve kemikleri çıkarılmış
- Tuz ve karabiberle tatlandırılmış çok amaçlı un
- 3 yemek kaşığı Tereyağı
- 3 yemek kaşığı Zeytinyağı
- ½ bardak Sek beyaz şarap
- 1 yemek kaşığı Limon suyu
- ½ su bardağı krem şanti
- ½ çay kaşığı Kurutulmuş kekik
- 2 yemek kaşığı kıyılmış taze maydanoz
- 1 Limon (dilimlenmiş)
- 1 yemek kaşığı Kapari, durulanmış ve süzülmüş (garnitür)

TALİMATLAR:

a) Büyük bir tavada tereyağı ve yağın her birini 1½ yemek kaşığı ısıtın. Sıkışmadan sığacak kadar tavuk parçaları ekleyin. Aşçı

b) Tavaya şarap ve limon suyu ekleyin ve orta derecede yüksek ateşte pişirin, kızartılmış parçacıkların karışması için karıştırın. Yaklaşık yarıya indirerek kaynatın

c) Krem şanti, kekik ve maydanozu ekleyin; sos hafifçe kalınlaşana kadar kaynatın. Isıtma tabağındaki et suyunu sosa dökün.

ç) Tadına göre baharat için sosu ayarlayın. Etin üzerine dökün ve maydanoz, limon dilimleri ve kapari ile süsleyin.

51.Bisküvi üzerine tavuk madeira

İÇİNDEKİLER:

- 1½ pound Tavuk göğsü
- 1 yemek kaşığı Yemeklik yağ
- 2 diş sarımsak, kıyılmış
- 4½ bardak Dörde bölünmüş taze mantar
- ½ su bardağı doğranmış soğan
- 1 fincan Ekşi krema
- 2 yemek kaşığı Çok amaçlı un
- 1 bardak yağsız süt
- ½ su bardağı tavuk suyu
- 2 yemek kaşığı Madeira veya kuru şeri

TALİMATLAR:

a) Tavuğu orta-yüksek ateşte sıcak yağda 4-5 dakika veya pembeleşmeyene kadar pişirin. Tavaya sarımsak, mantar ve soğan ekleyin. Kapağı açık olarak 4-5 dakika veya sıvı buharlaşana kadar pişirin.

b) Bir kapta ekşi krema, un, ½ çay kaşığı tuz ve ¼ çay kaşığı karabiberi karıştırın. Ekşi krema karışımını, sütü ve et suyunu tavaya ekleyin. Tavuk ve Madeira veya şeri ekleyin; içinden ısıtın.

c) Otlu Bisküvilerin üzerine servis yapın.

ç) İstenirse ince dilimlenmiş yeşil soğan serpin

52.Otlar ile tavuk çorbası

İÇİNDEKİLER:

- 1 su bardağı kurutulmuş cannellini fasulyesi
- 1 çay kaşığı Zeytin yağı
- 2 pırasa, ayıklanmış – yıkanmış
- 2 Havuç – soyulmuş ve doğranmış
- 10 mililitre Sarımsak – ince doğranmış
- 6 Erik domates – çekirdekleri çıkarılmış ve
- 6 Yeni patates
- 8 su bardağı Ev Yapımı Tavuk Suyu
- ¾ bardak Kuru beyaz şarap
- 1 Dal taze kekik
- 1 Dal taze biberiye
- 1 Defne yaprağı

TALİMATLAR:

a) Fasulyeleri durulayın ve toplayın, üzerini suyla örtün ve 8 saat veya gece boyunca suda bekletin. Büyük bir tencerede yağı orta-düşük ateşte ısıtın. Pırasa, havuç ve sarımsak ekleyin; yumuşayana kadar yaklaşık 5 dakika pişirin. Domatesleri ekleyip 5 dakika pişirin. Patatesleri ekleyip 5 dakika pişirin.

b) Tavuk suyu, şarap ve otları ekleyin; kaynatın. Fasulyeleri boşaltın ve tencereye ekleyin; 2 saat veya fasulyeler yumuşayana kadar pişirin.

c) Servis yapmadan önce defne yaprağını ve bitki dallarını çıkarın.

53.Şarap ve otlar ile tavuk

İÇİNDEKİLER:
- Tavuk kızartma
- ½ çay kaşığı Kekik
- ½ çay kaşığı Fesleğen
- 1 bardak Kuru beyaz şarap
- ½ çay kaşığı Sarımsak tuzu
- ½ çay kaşığı Tuz
- ¼ çay kaşığı Biber

TALİMATLAR:
a) Tavukları yıkayıp doğrayın. Az miktarda yağda tavuk parçalarının her tarafı kızartılır. Fazla Yağı dökün.
b) Şarap ve baharat ekleyin ve 30 ila 40 dakika veya tavuk yumuşayana kadar pişirin.

54.Nohut ve ot salatası

İÇİNDEKİLER:
- 1 can Nohut (16 oz.)
- 1 orta boy Salatalık, soyulmuş
- 1 büyük domates
- 1 Kırmızı biber, çekirdeği çıkarılmış ve doğranmış
- 2 Taze soğan, doğranmış
- 1 Avokado
- ⅓ su bardağı zeytinyağı
- 1 Limon
- ¼ çay kaşığı Tuz
- ⅛ çay kaşığı Beyaz biber
- 8 Yaprak taze fesleğen, doğranmış
- ⅓ bardak Dereotu, taze

TALİMATLAR:
a) Nohutları süzün ve iyice durulayın. Salatalığı ince dilimler halinde kesin ve ardından ikiye bölün. Domatesleri dilimler halinde kesin ve ardından ikiye bölün.

b) Bir kaseye salatalık ve domates parçalarının yanı sıra kırmızı biber ve yeşil soğanı koyun. Bir kenara koyun. Avokadoyu küp küp doğrayın. Geniş bir kaseye koyun ve yarım limonun suyunu ve yağını ekleyin.

c) Tuz, karabiber ve fesleğen ekleyin. Çatalla karıştırın (avokado krema haline gelecektir).

ç) Avokado karışımına sebzeleri ve dereotunu ekleyin. Yavaşça fırlatın. Nohutları ekleyin, birleştirin.

d) Gerektiğinde daha fazla limon, tuz ve karabiber tadın ve ekleyin. Sert. Önceden hazırlanıp buzdolabında saklanabilir.

55.Taze otlar ve parmesan

İÇİNDEKİLER:

- 5 su bardağı tavuk veya sebze suyu
- 3 yemek kaşığı Zeytinyağı
- ½ büyük Soğan; doğranmış
- 1½ bardak Arborio pirinci
- ½ bardak Sek beyaz şarap
- ¾ bardak Parmesan peyniri; rendelenmiş
- 1 su bardağı Karışık taze otlar
- ½ bardak Közlenmiş kırmızı biber; doğranmış
- Tuz ve biber; tatmak

TALİMATLAR:

a) Yüksek ateşte küçük bir tencerede, suyu kaynama noktasına getirin. Isıyı en aza indirin ve sıvıyı sıcak tutun.

b) Soğanı soteleyin, pirinci ekleyin ve tanelerin ortasında beyaz bir nokta oluşana kadar yaklaşık 1 dakika karıştırın.

c) Şarap ekleyin ve emilene kadar karıştırın. Karıştırırken yavaş yavaş stok ekleyin.

ç) ¾ bardak Parmesan peyniri, otlar, közlenmiş biberler ve tuz ve karabiberi damak tadınıza göre ekleyin. Karıştırmak için karıştırın.

56.Karahindiba Salatası

İÇİNDEKİLER:
- 4 su bardağı taze karahindiba yeşillikleri
- 1 su bardağı kiraz domates, ikiye bölünmüş
- 1/2 bardak beyaz peynir, ufalanmış
- 1/4 bardak balzamik sos
- Tatmak için biber ve tuz

TALİMATLAR:
a) Karahindiba yeşilliklerini yıkayıp kurutun.
b) Karahindiba yeşilliklerini, kiraz domatesleri ve beyaz peyniri atın.
c) Balzamik sosla gezdirin. Tuz ve karabiberle tatlandırın.

57.Otlar sebze konfeti

İÇİNDEKİLER:
- 3 orta boy Havuç; soyulmuş
- 1 orta boy kabak; uçları kesilmiş
- 1 çay kaşığı Zeytinyağı
- ⅛ çay kaşığı Öğütülmüş hindistan cevizi
- ⅛ çay kaşığı kekik

TALİMATLAR:
a) Havuç ve kabakları rendenin kaba tarafıyla rendeleyin.
b) Orta boy bir tavada yağı orta-yüksek ateşte ısıtın.
c) Sebzeleri, hindistan cevizini ve kekiği karıştırın.
ç) Sebzeler solana kadar ara sıra karıştırarak 3 ila 4 dakika pişirin.

58.Kavrulmuş otlu arpa

İÇİNDEKİLER:
- 1 büyük soğan
- ½ çubuk tereyağı
- Yarım kilo taze mantar, dilimlenmiş
- 1 su bardağı inci arpa
- 1 çay kaşığı tuz
- 3 su bardağı sebze suyu
- 1 çay kaşığı kekik
- ½ çay kaşığı mercanköşk
- ½ çay kaşığı biberiye
- ¼ çay kaşığı adaçayı
- ½ çay kaşığı yaz kokusu

TALİMATLAR:

a) Soğanı ince ince doğrayın. Fırına dayanıklı büyük bir tavada soğanı tereyağında yarı şeffaf hale gelinceye kadar yaklaşık 5 dakika pişirin. Mantarları ekleyin ve 3 dakika daha pişirin. Et suyu hariç diğer tüm malzemeleri karıştırın, eklemeden önce otları ezin.

b) Arpayı kaplamak için orta derecede yüksek ateşte birkaç dakika karıştırarak soteleyin

c) Et suyunu ayrı bir tavada ısıtın ve sıcakken arpa karışımına stok ekleyin.

ç) Tavayı folyo ile örtün ve önceden ısıtılmış 350 derece (F.) fırında yaklaşık bir saat pişirin.

TATLI

59.Yulaf Kabuklu Servicedut Tart

İÇİNDEKİLER:

- 2 ½ bardak servis meyvesi
- 3 yemek kaşığı meyve reçeli
- ¼ bardak su
- 1 ¾ su bardağı yulaf ezmesi
- ¼ bardak badem unu (veya fındıksızsa çok amaçlı un)
- 4 yemek kaşığı tereyağı veya hindistancevizi yağı
- ½ çay kaşığı tuz
- 1 yemek kaşığı fındık ezmesi (veya fındıksızsa ilave tereyağı/hindistan cevizi yağı)
- 2 yemek kaşığı badem veya hindistan cevizi sütü
- 1 çay kaşığı limon kabuğu rendesi

TALİMATLAR:

a) Fırını önceden 350'ye ısıtın. Tart tepsisini yağlayın ve bir kenara koyun.
b) Kabuğu hazırlamak için yulafı mutfak robotunda tanecikli hale gelinceye kadar çekin. Badem unu, tuz, tereyağı, tereyağı ve ½ çay kaşığı limon kabuğu rendesini ekleyin. Ufalanana kadar nabız atın, ardından badem sütünü ekleyin ve hamur hafif yapışkan hale gelinceye kadar nabız atın.
c) Yulaf kabuğunu yağlanmış bir tart kalıbına bastırın. Yulaf kabuğunu 7 dakika boyunca kör pişirin.
ç) Orta boy bir tencerede 1 ½ bardak servis meyvesini, reçeli ve suyu birleştirin. Kaynatın, ardından her 2 dakikada bir karıştırarak kaynamaya bırakın. Meyveler küçülüp koyulaşıp şurup kıvamına gelince ateşi kapatın. Tohumların dokusunu beğenmiyorsanız karışımı ince delikli bir elek üzerinden süzün.
d) Kalan 1 bardak servis meyvesini yulaf kabuğunun üzerine serpin. Servis meyvesi şurubunu meyvelerin üzerine dökün ve karışımı plastik bir spatula kullanarak düzeltin.
e) Servis meyveleri küçülene kadar tartı yaklaşık 30 dakika pişirin.

60.Baharatlı Trabzon Hurması Kek

İÇİNDEKİLER:

- 2 adet yumuşak, olgun hurma
- ¼ bardak akçaağaç şurubu
- 2 su bardağı şeker
- 1 kutu hindistan cevizi sütü
- ½ su bardağı bitkisel yağ
- 1 ½ bardak çok amaçlı un
- 1 ½ su bardağı kepekli un
- 1 çay kaşığı tarçın
- 1 çay kaşığı zencefil
- 1 çay kaşığı hindistan cevizi
- ¼ çay kaşığı öğütülmüş karanfil

TALİMATLAR:

a) Fırını 350 dereceye kadar önceden ısıtın. Kek kalıbını veya kelepçeli kalıbı yağlayıp bir kenara koyun.

b) Hurmaların etini çıkarın ve geniş bir kaseye koyun. Akçaağaç şurubu, şeker, hindistan cevizi sütü ve bitkisel yağı ekleyin. Malzemeleri birleşene kadar çırpın.

c) Başka bir büyük kapta, tüm kuru malzemeleri birleştirin ve birleşene kadar çırpın.

ç) Islak olanı yavaşça kuru kaseye dökün. Fazla karıştırmamaya dikkat ederek birleşene kadar lastik bir spatula ile karıştırın!

d) Karışımı hazırlanan kek kalıbına dökün ve pişirmek için fırına koyun.

e) dakika. Kekin ortasına batırdığınız kürdan temiz çıktığında pişmiş demektir.

61.Unsuz Çikolatalı Fındıklı Kek

İÇİNDEKİLER:

- 1 su bardağı fındık
- ¼ fincan kakao tozu
- ½ su bardağı bitter çikolata
- Bir tutam tuz
- 4 büyük yumurta, beyazları sarılarından ayırın
- 4 yemek kaşığı tereyağı veya hindistancevizi yağı
- ½ bardak) şeker
- 1 çay kaşığı vanilya özü

TALİMATLAR:

a) Fırını 275 dereceye kadar önceden ısıtın. Fırın tepsisini parşömen kağıdıyla kaplayın, fındıkları dökün ve yaklaşık 10 dakika kızartın.
b) Bu arada kek/demet tepsisini hazırlayın.
c) 9 inçlik yaylı bir tavaya pişirme spreyi sıkmak ve tavanın altına parşömen kağıdı yerleştirmek.
ç) Fındıklar soğuduktan sonra mutfak robotunda iri fındık unu oluşana kadar çekin.
d) Fırın sıcaklığını 350 dereceye yükseltin.
e) Büyük bir kapta yumurta sarısını, şekeri ve vanilyayı pürüzsüz ve iyice birleşene kadar çırpın. Fındık unu ve tuzu ekleyip karıştırın.
f) Başka bir büyük kapta yumurta aklarını sert tepecikler oluşuncaya kadar çırpın.
g) Çikolatayı ve tereyağını ocakta veya mikrodalgada kısa aralıklarla eritin. Biraz soğumaya bırakın, ardından karışımı fındık unu, yumurta sarısı ve şekerin bulunduğu kaseye dökün. Birleştirmek için karıştırın.
ğ) Yumurta aklarını çikolatalı karışıma katlayın ve birleşene kadar karıştırın. Hamuru hazırlanan yaylı tavaya kazıyın.
h) Keki fırında yaklaşık 40 dakika kadar pişirin.

62.Mürver çiçeği panna cotta çilekli

İÇİNDEKİLER:
- 500ml çift krema
- 450 ml tam yağlı süt
- 10 büyük mürver çiçeği başı, çiçekler toplanmış
- 1 vanilya çubuğu, çekirdekleri çıkarılmış
- 5 jelatin yaprağı
- 85 gr altın pudra şekeri

PARÇA İÇİN
- 75g tereyağı, ayrıca yağlama için ekstra
- 75 gr sade un
- 50 gr altın pudra şekeri
- 25 gr öğütülmüş badem

HİZMET ETMEK
- 250g meyve sepeti çilekleri, üst kısımları kesilmiş
- 1 yemek kaşığı altın pudra şekeri
- süslemek için birkaç tane mürver çiçeği toplanmış

TALİMATLAR:

a) Kremayı, sütü, çiçekleri, vanilya çubuğunu ve tohumları hafif ateşte ayarlanmış bir tavaya koyun. Sıvı kaynamaya başlar başlamaz ocaktan alın ve tamamen soğumaya bırakın.

b) Bu arada, ufalamak için tereyağını küçük bir tavaya dökün ve koyu kahverengiye dönene ve ceviz kokusu alana kadar hafifçe ısıtın. Bir kaseye dökün ve sertleşinceye kadar oda sıcaklığında soğumaya bırakın.

c) Krema karışımı soğuduktan sonra, altı adet 150 ml'lik dariole kalıbının içlerini hafifçe yağlayın. Jelatin yapraklarını 10 dakika soğuk suda bekletin. Soğutulmuş krema karışımını bir elekten geçirerek temiz bir tavaya süzün, mürver çiçeklerini ve vanilya çubuğunu atın. Şekeri dökün ve çözünmesi için karıştırın. Kısık ateşe alıp tekrar kaynamaya bırakın ve ardından büyük bir sürahiye dökün. Jelatindeki fazla sıvıyı sıkın ve eriyene kadar sıcak kremaya karıştırın. Karışım soğuyuncaya ve hafifçe koyulaşana kadar karıştırmaya devam edin, böylece tüm vanilya tohumları dibe çökmez. Kalıplara dökün ve en az 4 saat soğutun. ayarlanana kadar.

ç) Fırını 180C/160C fan/gaza ısıtın 4. Kızartılmış tereyağını una sürün, ardından şeker ve bademleri karıştırın. Pişirme parşömeniyle kaplı bir tepsiye yayın. Birkaç kez karıştırarak, altın rengi oluncaya kadar 25-30 dakika pişirin. Soğumaya bırakın.

d) Çilekleri dilimleyin, ardından şeker ve 1 çay kaşığı su ile karıştırın. 20 dakika kadar maserasyona bırakın.

e) Panna cotta'ları tabaklara çıkarın ve üzerlerine çilek ve meyve sularını ekleyin. Ufalanan parçanın bir kısmını üzerine serpin, fazla olanı yan taraftaki bir kasede servis edin, ardından birkaç mürver çiçeğiyle süsleyin.

63. Mürver Çiçeği Turtası

İÇİNDEKİLER:
- 1 bardak ağır krema
- 1 bardak tam yağlı süt
- ½ bardak) şeker
- 4 yumurta
- 1 çay kaşığı mürver çiçeği şurubu
- Taze mürver çiçekleri (isteğe bağlı)

TALİMATLAR

a) Fırını önceden 350°F'ye (175°C) ısıtın.

b) Orta boy bir tencerede kremayı, sütü ve şekeri orta ateşte şeker eriyene kadar ısıtın.

c) Ayrı bir kapta yumurtaları ve mürver çiçeği likörünü birlikte çırpın.

ç) Krema karışımını yavaş yavaş yumurta karışımına dökün ve sürekli çırpın.

d) Karışımı ince gözenekli bir elek ile süzün.

e) Karışımı 23 cm'lik (9 inç) bir pişirme kabına dökün.

f) Pişirme kabını daha büyük bir fırın tepsisine veya kızartma tavasına yerleştirin ve büyük kabı, küçük kabın kenarlarının yarısına kadar gelecek kadar sıcak suyla doldurun.

g) 45-50 dakika veya kenarları sertleşinceye kadar pişirin ancak ortası hala hafifçe sallanıyor.

ğ) Fırından çıkarın ve oda sıcaklığına soğumaya bırakın.

h) Servis yapmadan önce en az 2 saat buzdolabında soğutun.

ı) İstenirse taze mürver çiçekleri ile süsleyin.

64.Yemlenmiş Meyveli ve Isırgan Otulu Kek

İÇİNDEKİLER:

- 2 su bardağı karışık meyveli meyveler (böğürtlen, ahududu, yaban mersini)
- 1 su bardağı ısırgan otu yaprağı, ince doğranmış (kullanırken eldiven kullanın)
- 2 fincan çok amaçlı un
- 1 1/2 çay kaşığı kabartma tozu
- 1/2 çay kaşığı karbonat
- 1/2 çay kaşığı tuz
- 1 su bardağı tuzsuz tereyağı, yumuşatılmış
- 1 1/2 su bardağı toz şeker
- 3 büyük yumurta
- 1 çay kaşığı vanilya özü
- 1 bardak ayran

TALİMATLAR:

a) Fırını önceden 350°F'ye (175°C) ısıtın. Kek kalıbını yağlayıp unlayın.
b) Bir kapta un, kabartma tozu, kabartma tozu ve tuzu birlikte çırpın.
c) Başka bir kapta tereyağını ve şekeri hafif ve kabarık olana kadar krema haline getirin.
ç) Yumurtaları teker teker ekleyin ve her eklemeden sonra iyice çırpın. Vanilya ekstraktını karıştırın.
d) Kuru malzemeleri yavaş yavaş ıslak malzemelere, ayranla dönüşümlü olarak ekleyin. Kuru malzemelerle başlayın ve bitirin.
e) Toplanan meyveleri ve doğranmış ısırgan otu yapraklarını yavaşça katlayın.
f) Hazırladığınız kek kalıbına hamuru dökün ve üzerini düzeltin.
g) 40-45 dakika veya ortasına batırdığınız kürdan temiz çıkana kadar pişirin.
ğ) Pastayı 10 dakika boyunca tavada soğumaya bırakın, ardından tamamen soğuması için tel rafa aktarın.
h) İsteğe bağlı olarak pudra şekeri serpin veya basit krem peynirli krema ile süsleyin.

65.Mürver Çiçeği Dondurma

İÇİNDEKİLER:
- 1 ½ su bardağı tam yağlı süt
- 2 bardak ağır krema
- ½ bardak ekşi krema
- 4 büyük yumurta sarısı
- ½ bardak bal
- 4-5 adet mürver çiçeği likörü
- ½ çay kaşığı vanilya özü
- tutam tuz

TALİMATLAR:

a) Yumurta sarılarını çırpın ve bir kenara koyun.

b) Ağır dipli bir tencerede süt, krema, ekşi krema, tuz ve balı birleştirin.

c) Kök malzemesini mümkün olduğunca fazla atarak, tek tek çiçekleri karışıma bölün. Sık sık karıştırarak sıcak olana kadar orta-yüksek ateşte ısıtın. KAYNATMAYINIZ.

ç) Süt/krema karışımı sıcakken, bir kepçe dolusu yumurta sarısını kuvvetlice çırpın. Yumurta karışımını yavaş yavaş süt/krema karışımına dökün ve tekrar kuvvetlice çırpın.

d) Tencereyi orta ateşe alın ve koyulaşana ve kaşığın arkasını kaplayana kadar sürekli karıştırarak pişirmeye devam edin. Ateşten alın. Vanilya ekstraktını karıştırın.

e) Karışımı ince bir süzgeçten geçirerek soğutmak için bir kaba veya kaseye dökün. Mürver çiçeği kalıntılarını atın.

f) Krema karışımınız tamamen soğuduktan sonra, dondurma makinenizin çalkalama talimatlarını izleyin. Alternatif olarak, dondurma makineniz yoksa, karışımı kenarlı bir pişirme kabına dökün ve dondurucuda soğutun, karışımı her yarım saatte bir çatalla kazıyarak katı ama hafif kıvama getirin.

66.Mürver Çiçeği Şerbeti

İÇİNDEKİLER:
- 2 bardak su
- 1 su bardağı şeker
- ¼ fincan mürver çiçeği şerbeti
- 2 yemek kaşığı limon suyu

TALİMATLAR

a) Bir tencerede su ve şekeri birleştirin. Şeker tamamen eriyene kadar orta ateşte ısıtın.
b) Ateşten alın ve mürver çiçeği şurubu ve limon suyunu ilave ederek karıştırın.
c) Karışımın oda sıcaklığına soğumasını bekleyin.
ç) Karışımı bir dondurma makinesine dökün ve üreticinin talimatlarına göre çalkalayın.
d) Çalkalandıktan sonra şerbeti kapaklı bir kaba aktarın ve sertleşmesi için birkaç saat dondurun.
e) Narin ve çiçeksi bir tatlı için mürver çiçeği şerbetini soğutulmuş kaselerde veya bardaklarda servis edin.

67.Mürver Çiçeği ve Böğürtlenli Dondurma

İÇİNDEKİLER:
- 225g/8 oz böğürtlen 1 yemek kaşığı şeker
- 284ml karton çift krema, soğutulmuş
- 8 yemek kaşığı mürver çiçeği likörü
- 142 ml karton krem şanti, soğutulmuş

TALİMATLAR:
a) Böğürtlenleri küçük bir tencereye koyun ve şekeri ekleyin. Meyve suyu akana ve karışım kaynama noktasına gelene kadar ara sıra karıştırarak hafifçe ısıtın.

b) Böğürtlenler iyice yumuşayana kadar 2-3 dakika yavaşça pişirin. (Alternatif olarak, böğürtlenleri ve şekeri uygun bir kaseye koyun ve mikrodalgayı Yüksek ayarda 2-3 dakika veya meyveler iyice yumuşayana kadar pişirin.)

c) Böğürtlen karışımını bir elekten geçirin ve çekirdeklerini atın. Püreyi soğumaya bırakın, ardından üzerini örtün ve yaklaşık 30 dakika veya iyice soğuyana kadar buzdolabında saklayın.

ç) Bu arada kremayı bir sürahiye boşaltın, mürver çiçeği likörünü ekleyin ve pürüzsüz hale gelinceye kadar karıştırın. Kapağını kapatıp 20-30 dakika soğutun.

d) Böğürtlen püresini mürver çiçeği karışımına pürüzsüz hale gelinceye kadar karıştırın. Krem şantiyi bir kaseye alın ve yumuşak tepecikler oluşuncaya kadar çırpın.

e) Çırpılmış kremayı böğürtlen karışımına yavaşça katlayın.

f) Karışımı dondurma makinesine dökün ve talimatlara göre dondurun.

g) Uygun bir kaba aktarın ve gerekinceye kadar dondurun.

68.Mürver Çiçeği Mus

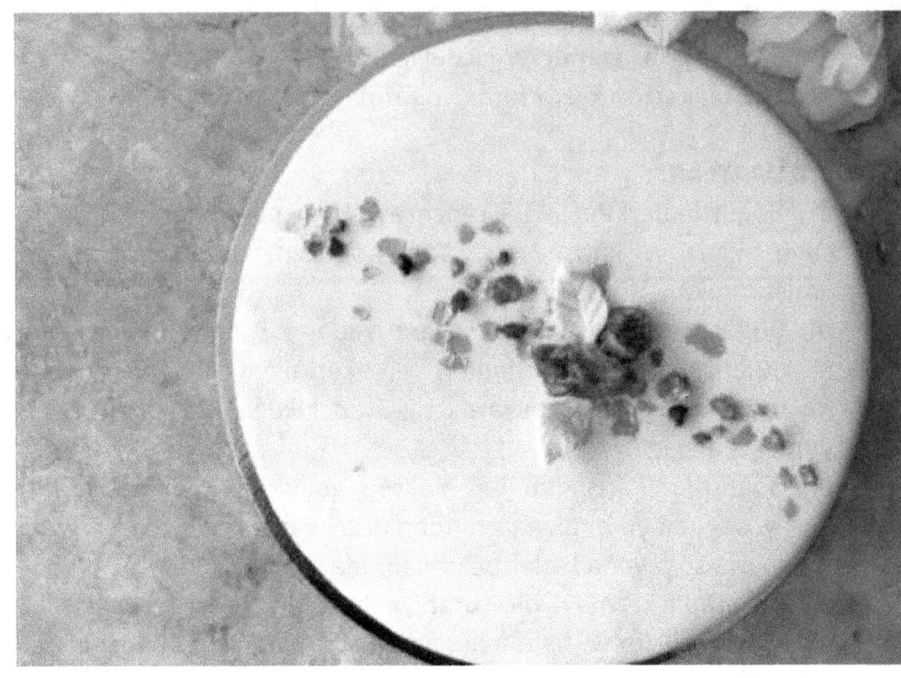

İÇİNDEKİLER:

- 250 gram Mascarpone peyniri
- 200 gram mağazadan satın alınan muhallebi
- 125 mililitre mürver çiçeği likörü
- 200 mililitre krema, hafifçe çırpılmış

TALİMATLAR:

a) Mascarpone peynirini bir karıştırma kabında yumuşatmak için hafifçe döverek başlayın.

b) Mağazadan satın alınan muhallebiyi Mascarpone peynirine ekleyin ve karışım pürüzsüz ve iyice birleşene kadar çırpın.

c) 125 mililitreden başlayarak mürver çiçeği likörünü çırpın. Miktarı damak tadınıza göre ayarlayabilir, daha güçlü bir mürver çiçeği aroması istiyorsanız daha fazlasını ekleyebilirsiniz. Bu aşamada fazla çırpmamaya dikkat edin; Aşırı karıştırmayı önlemek için yumuşak katlama tercih edilir. Karışımı mürver çiçeği likörü tereyağına dönüştürmek değil, hafif ve havadar bir dokuyu korumak istiyorsunuz.

ç) Ayrı bir kapta çift kremayı yumuşak tepeler oluşana kadar hafifçe çırpın.

d) Çırpılmış kremayı, her şey tamamen birleşene kadar Mascarpone ve mürver çiçeği karışımına yavaşça katlayın. Yine, köpüğün havadar dokusunu korumak istediğiniz için fazla karıştırmamaya dikkat edin.

e) Musun tadına bakın ve tercih ettiğiniz mürver çiçeği aroması seviyesine göre ayarlayarak isterseniz daha fazla mürver çiçeği likörü ekleyin.

f) Karışım iyice birleştiğinde ve lezzetten memnun kaldığınızda, servis yapmadan önce köpüğü en az yarım saat buzdolabında soğutun.

g) Servis etmeye hazır olduğunuzda, güzel bir sunum için köpüğü taze mürver çiçeği çiçekleri veya biraz mürver çiçeği şerbeti ile süsleyebilirsiniz.

ğ) Her durum için mükemmel olan, hafif ve zarif bir tatlı olarak ev yapımı mürver çiçeği köpüğünün tadını çıkarın.

69. Yabani Çilek Ravent Crumble

İÇİNDEKİLER:

- 2 su bardağı doğranmış çilek
- 2 sap ravent
- 2 yemek kaşığı çilek reçeli
- 2 yemek kaşığı akçaağaç şurubu
- 1 yemek kaşığı limon suyu
- 1 yemek kaşığı tapyoka nişastası veya mısır nişastası
- 2 su bardağı yulaf ezmesi
- ¼ bardak badem
- ¼ bardak esmer şeker
- ¼ bardak (yarım çubuk) tereyağı veya hindistancevizi yağı
- Bir tutam tuz

TALİMATLAR:

a) Fırını 375 dereceye kadar önceden ısıtın.
b) Orta boy bir kapta çilekleri ve doğranmış raventi birleştirin. Karıştır
c) reçel, akçaağaç şurubu, limon suyu ve tapyoka nişastası.
ç) Bir mutfak robotunda yulaf ve bademleri ufalanana kadar çekin. Esmer şekeri, tereyağını ve tuzu ekleyin. Yulaflar hafifçe yapışkan hale gelinceye ve birbirine bağlanana kadar nabız atın.
d) Yulaf ezmesinin yarısını tart veya güveç kabının tabanına bastırın. Çilek-ravent karışımını üstüne dökün ve ardından yulaf ezmesinin geri kalanını katmanların üzerine serpin.
e) Çanağı alüminyum folyo ile örtün ve 30 dakika pişirin. 30 dakika sonra, üst katmanın gevrekleşmesi için parçayı açıkta 20-30 dakika daha pişirin.
f) Hemen bir kepçe vanilyalı fasulye dondurmasıyla servis yapın!

70.Plaj Erik Şerbeti

İÇİNDEKİLER:
- 400 gr Plaj Eriği
- 1 çay kaşığı vanilya özü
- 1 çay kaşığı tarçın
- ¼ bardak su
- ¼ bardak şeker

TALİMATLAR:

a) Fırını 375 dereceye kadar önceden ısıtın. Bir fırın tepsisini alüminyum folyo ile hizalayın.

b) Erikleri ikiye bölüp çekirdeklerini çıkarın. Vanilya ekstraktını ve tarçını eriklerin üzerine serpin ve erikler eşit şekilde kaplanana kadar karıştırın. Erikleri kabukları karamelleşene kadar yaklaşık yarım saat kadar kavurun. Fırından çıkarıp soğumaya bırakın.

c) Erikleri yüksek hızlı bir blender veya mutfak robotunda karıştırın. Bir mutfak robotu kullanıyorsanız, elde edilen karışımı bir elekten geçirin ve pürüzsüz bir şerbet için posayı atın.

ç) Orta-kısık ateşte küçük bir tencerede şekeri suda yaklaşık 2 dakika eritin. Soğumaya bırakın ve erik karışımını üzerine dökün.

d) Erik karışımını bir kaseye dökün ve üzerini kapatın. Dondurucuya koyun ve soğumaya bırakın. 1 saat sonra dondurucudan çıkarın, karışımı buz kristallerini kıracak şekilde çırpın ve tekrar yarım saat daha dondurucuya koyun. Şerbet donuncaya kadar bu işlemi tekrarlayın.

e) Şerbet tamamen donduktan sonra buz parçalarına bölün ve yüksek hızlı bir karıştırıcıda pürüzsüz hale gelinceye kadar karıştırın. Erik şerbetini kapaklı bir kaba koyun ve sertleşinceye kadar dondurun.

f) Pürüzsüz, canlandırıcı bir ikramın tadını çıkarmak için, tadını çıkarmadan önce erik şerbetini oda sıcaklığında 5 dakika dinlendirin.

71.Limonlu bitkisel dondurma

İÇİNDEKİLER:
- 1½ bardak krem şanti
- 1½ bardak Süt
- ⅔ bardak Şeker
- 3 Yumurta sarısı
- ½ çay kaşığı Vanilya özü
- ½ Limon lezzet ve Limon suyu
- ¼ bardak Limon mine çiçeği yaprağı
- ¼ fincan Melisa yaprağı

TALİMATLAR:

a) Krema, süt ve şekeri şeker eriyene kadar karıştırın ve ısıtın.

b) Küçük bir kapta yumurta sarılarını hafifçe çırpın. 1 su bardağı sıcak krema karışımını kaseye dökün. Tahta kaşıkla sürekli karıştırın. Vanilyayı karıştırın. Limon kabuğunu, limon suyunu ve sert paketlenmiş limon otlarını sıcak dondurma tabanına karıştırın.

c) Karışımı bir dondurma makinesine dökün ve üreticinin talimatlarına göre dondurun.

72.Bitkisel limonlu kurabiye

İÇİNDEKİLER:
- 1 bardak Tereyağı
- 2 su bardağı Şeker; bölünmüş
- 2 yumurta
- 1 çay kaşığı Vanilya özü
- 2½ su bardağı Un
- 2 çay kaşığı kabartma tozu
- ¼ çay kaşığı Tuz
- ⅓ bardak Kurutulmuş limon otları
- ⅓ bardak toplamı: Otlar

TALİMATLAR:
a) Kremalı tereyağı ve 1¾ su bardağı şeker
b) Yumurta ve vanilyayı ekleyin; iyi dövün.
c) Unu, kabartma tozunu, tuzu ve otları birleştirin. Kremalı karışıma ekleyin; karışım.
ç) Hamuru, yağlanmış bir kurabiye kağıdına, 3 "arada, çay kaşığı dolusu bırakın.
d) 350 F'de 8 ila 10 dakika veya zar zor kızarana kadar pişirin. Hafifçe soğutun ve ardından bir rafa çıkarın.

ÇEŞNİLER

73. Chokedut Sirkesi

İÇİNDEKİLER:
- ½ bardak kuş üzümü
- 1 ½ su bardağı elma sirkesi
- 1 yemek kaşığı şeker

TALİMATLAR:
a) Tüm malzemeleri bir cam kavanozda birleştirin ve karıştırın.
b) Sıkıca kapatın ve buzdolabında en az 1 hafta saklayın.

74. Amerikan Erikli Ketçap

İÇİNDEKİLER:

- 4 bardak Amerikan eriği
- ¼ bardak dilimlenmiş kırmızı soğan
- ½ yemek kaşığı taze rendelenmiş zencefil
- ¼ bardak elma sirkesi
- ¼ çay kaşığı hindistan cevizi
- ¼ çay kaşığı karanfil
- ¼ çay kaşığı tarçın
- ¼ çay kaşığı kırmızı biber
- 1 yemek kaşığı pekmez
- 2 yemek kaşığı akçaağaç şurubu
- 1 yemek kaşığı kanola yağı

TALİMATLAR:

a) Bütün erikleri ¼ bardak su ile orta boy bir tencereye koyun. Tencerenin kapağını kapatın ve erikleri orta ateşte, erikler küçülüp sadece suyu, kabuğu ve çekirdeği kalacak şekilde yaklaşık 20 dakika pişirin. Eriklerin yapışmasını ve yanmasını önlemek için pişirme süresi boyunca tencereyi birkaç dakikada bir sallayın.

b) Soğuduktan sonra, bir kasenin üzerine bir kevgir yerleştirin ve erik suyunun kabuğundan ve çekirdeklerinden süzülmesi için erik karışımını kevgirin üzerine dökün. Bir kenara koyun.

c) Orta boy bir tencerede dilimlenmiş kırmızı soğanları ve zencefili kanola yağında soğanlar yarı saydam oluncaya kadar soteleyin. Küçük hindistan cevizi, karanfil, tarçın ve kırmızı biberi karıştırın. Baharatlar aromatik hale gelinceye kadar yaklaşık 20 saniye karıştırmaya devam edin.

ç) Süzülmüş erik suyu karışımını, pekmezi ve akçaağaç şurubunu dökün. Birleştirmek için birkaç kez karıştırın ve koyulaşana kadar yaklaşık 5 dakika pişirin.

d) Karışımı 10 dakika ateşten uzakta soğumaya bırakın, ardından yüksek hızlı bir karıştırıcıya dökün ve 1 dakika boyunca yüksek hızda karıştırın. Yüksek hızlı bir blenderınız yoksa, daldırmalı bir blender kullanabilirsiniz ancak ketçap o kadar pürüzsüz olmayacaktır.

e) Baharatı beğeninize göre ayarlayın ve ardından ketçapı saklamak için bir cam kavanoza dökün. Buzdolabında saklayın.

75.Kestane Akçaağaç Sosu

İÇİNDEKİLER:
- 1/2 su bardağı kestane
- 2 yemek kaşığı akçaağaç şurubu
- 1 yemek kaşığı elma sirkesi
- ½ bardak kırmızı şarap
- 1,5 su bardağı sebze suyu

TALİMATLAR:
a) Öncelikle kestaneleri kavurun. Fırını 425°F'ye önceden ısıtın.
b) Kestanenin kabuğuna x şekli vererek puan verin. Altındaki somunu üçte bir oranında deldiğinizden emin olun.
c) Yaklaşık 2 dakika kadar fırında kızartın. Soğumaya bırakın, ardından kabuğu soyun.
ç) Orta boy bir tencerede kırmızı şarabı ve kestaneleri ısıtın. Şarap yarı yarıya azalıncaya kadar kaynamaya bırakın.
d) Geri kalan malzemeleri tencerede birleştirin. Kaynatın, ardından kaynamaya bırakın. Her 2 dakikada bir lastik bir spatula ile karıştırın.
e) Sos, plastik spatulanın arkasını kaplayacak şekilde kalınlaştığında, sosu ocaktan alın ve 10 dakika soğumaya bırakın.
f) Kullanana kadar saklamak için bir cam kavanoza dökün.

76.Bitkisel jöle

İÇİNDEKİLER:

- 1½ bardak Bitki yaprakları, taze
- 3½ bardak Şeker
- 1 damla Gıda boyası, yeşil
- 2¼ bardak; Su, soğuk
- 2 yemek kaşığı Limon suyu
- Pektin, sıvı; kese + 2 ton.

TALİMATLAR:

a) Bitkiyi ve suyu bir tencerede birleştirin; tamamen kaynatın, üzerini örtün ve 15 dakika demlenmesi için ocaktan alın. Bir jöle torbasına koyun ve bir saat boyunca damlamasına izin verin. 1-¾ bardak infüzyon yapmalısınız.

b) İnfüzyonu, limon suyunu, şekeri ve gıda boyasını birleştirin ve yüksek ateşte tamamen kaynayana kadar pişirin. Sıvı pektin ekleyin ve sürekli karıştırarak tekrar tam kaynama noktasına getirin.

c) Ateşten alın, köpüğü alın ve ¼" kafa boşluğu bırakarak sterilize edilmiş yarım litrelik jöle kavanozlarına kepçeyle koyun. Meyve jölelerinde olduğu gibi işlem yapın.

77. Huckledut Reçeli

İÇİNDEKİLER:
- 2 bardak yaban mersini
- ½ bardak akçaağaç şurubu veya bal
- 2 yemek kaşığı limon suyu

TALİMATLAR:
a) Malzemeleri küçük bir tencerede birleştirin ve karıştırın.
b) Sık sık karıştırarak kaynatın, ardından altını kısın ve koyulaşana kadar pişirin.
c) Kullanıma hazır oluncaya kadar bir cam kavanoza dökün.

78. Karışık bitki sirkesi

İÇİNDEKİLER:
- 1 pint kırmızı şarap sirkesi
- 1 Adet elma sirkesi
- 2 soyulmuş, yarıya bölünmüş sarımsak karanfil
- 1 Şube tarhun
- 1 Dal kekik
- 2 Dal taze kekik
- 1 küçük sap tatlı fesleğen
- 6 adet karabiber

TALİMATLAR:
a) Bir litrelik kavanoza kırmızı şarap ve elma sirkesini dökün.
b) Sarımsak, otlar, karabiber ekleyin ve örtün. Üç hafta boyunca güneş görmeyen serin bir yerde bekletin. Ara sıra sallayın.
c) Şişelere dökün ve mantarla durdurun.

79.Karışık bitki pesto

İÇİNDEKİLER:
- 1 fincan Paketlenmiş taze düz yapraklı maydanoz
- ½ bardak Paketlenmiş taze fesleğen yaprağı;
- 1 yemek kaşığı Taze kekik yaprağı
- 1 yemek kaşığı Taze biberiye yaprağı
- 1 yemek kaşığı Taze tarhun yaprağı
- ½ bardak Taze rendelenmiş parmesan
- ⅓ su bardağı zeytinyağı
- ¼ bardak Ceviz; kızarmış altın
- 1 yemek kaşığı Balzamik sirke

TALİMATLAR:
a) Bir mutfak robotunda tüm malzemeleri tuz ve karabiberle birlikte pürüzsüz hale gelinceye kadar karıştırın. (Pesto, yüzeyi plastik ambalajla kaplanmış , soğutulmuş, 1 hafta saklanır.)

80.Hardal otu turşusu

İÇİNDEKİLER:
- ½ bardak Dijon Hardalı
- 2 yemek kaşığı Kuru hardal
- 2 yemek kaşığı Bitkisel yağ
- ¼ bardak Sek beyaz şarap
- 2 yemek kaşığı Kurutulmuş tarhun
- 2 yemek kaşığı Kurutulmuş kekik
- 2 yemek kaşığı kurutulmuş adaçayı, ezilmiş

TALİMATLAR:
a) Tüm malzemeleri bir kapta karıştırın. 1 saat bekletin. Tavuk veya balık ekleyin ve iyice kaplayın. Marine edilmiş halde bekletin. Kağıt havluyla hafifçe vurarak kurulayın
b) Izgaradan çıkarmadan hemen önce balık veya tavuğun üzerine sürmek için kalan turşuyu kullanın.

81.Kuzukulağı-frenk soğanı pesto

İÇİNDEKİLER:

- 1 bardak Kuzukulağı
- 4 yemek kaşığı Arpacık soğanı; ince kıyılmış
- 4 yemek kaşığı Çam fıstığı; zemin
- 3 yemek kaşığı Maydanoz; doğranmış
- 3 yemek kaşığı Frenk soğanı; doğranmış
- 4 portakalın rendelenmiş kabuğu
- ¼ Soğan, kırmızı; doğranmış
- 1 yemek kaşığı Hardal, kuru
- 1 çay kaşığı Tuz
- 1 çay kaşığı karabiber, siyah
- 1 tutam Biber, kırmızı biber
- ¾ su bardağı sıvı yağ. zeytin

TALİMATLAR:

a) Kuzukulağı, arpacık soğanı, çam fıstığı, maydanoz, frenk soğanı, portakal kabuğu ve soğanı bir mutfak robotu veya blenderde karıştırın.

b) Kuru hardal, tuz, karabiber ve kırmızı biberi ekleyip tekrar karıştırın. Bıçak hareket ederken yağı YAVAŞÇA damlatın.

c) Temperli cam kavanozlara aktarın .

82.Yabani Meyve Reçeli

İÇİNDEKİLER:

- 2 su bardağı karışık yabani meyveler (böğürtlen, ahududu, yaban mersini)
- 1 su bardağı toz şeker
- 1 yemek kaşığı limon suyu

TALİMATLAR:

a) Çilekleri, şekeri ve limon suyunu bir tencerede birleştirin.
b) Orta ateşte, sık sık karıştırarak, meyveler parçalanıncaya ve karışım koyulaşıncaya kadar (yaklaşık 15-20 dakika) pişirin.
c) İstenilen kıvamı elde etmek için meyveleri çatalla ezin.
ç) Soğumaya bırakın, ardından bir kavanoza aktarın. Soğutun ve yayılarak kullanın.

83.Toplanmış Bitki İnfüze Sirke

İÇİNDEKİLER:
- 2 su bardağı toplanmış otlar (biberiye, kekik, kekik)
- 2 su bardağı beyaz şarap sirkesi

TALİMATLAR:
a) Bitkileri iyice yıkayıp kurulayın.
b) Bitkileri temiz, sterilize edilmiş bir cam kavanoza koyun.
c) Sirkeyi kaynayana kadar ısıtın ve bitkilerin üzerine dökün.
ç) Kavanozun ağzını kapatın ve en az iki hafta demlenmesini bekleyin.
d) Sirkeyi süzün, bir şişeye aktarın ve soslar veya marinatlar için lezzetli bir sirke olarak kullanın.

84.Yabani Sarımsak Aioli

İÇİNDEKİLER:
- 1 su bardağı yabani sarımsak yaprağı, ince doğranmış
- 1 bardak mayonez
- 1 yemek kaşığı limon suyu
- Tatmak için biber ve tuz

TALİMATLAR:
a) Kıyılmış yabani sarımsak, mayonez ve limon suyunu bir kasede karıştırın.
b) Tatmak için tuz ve karabiber ekleyin.
c) Servis yapmadan önce en az 30 dakika buzdolabında saklayın.
ç) Lezzetli bir sos veya yayılma olarak kullanın.

85. Çam İğnesi Şurubu

İÇİNDEKİLER:
- 2 su bardağı taze çam iğnesi, yıkanmış
- 2 bardak su
- 2 su bardağı şeker

TALİMATLAR:
a) Bir tencerede çam iğnelerini ve suyu birleştirin. Kaynatın, ardından 20 dakika pişirin.
b) Sıvıyı süzün ve tencereye geri koyun.
c) Şekeri ekleyin ve şurup kıvamına gelinceye kadar (yaklaşık 15-20 dakika) pişirin.
ç) Bir şişeye aktarmadan önce soğumasını bekleyin. Tatlılar veya içecekler için eşsiz bir şurup olarak kullanın.

İÇECEKLER

86. Alkolsüz Yaban Mersini Spritzer

İÇİNDEKİLER:

- 1 bardak yaban mersini
- 1 su bardağı şeker
- 1 bardak su
- 1 adet taze sıkılmış limonun suyu
- 1 şişe maden suyu

TALİMATLAR:

a) İlk önce yaban mersini basit şurubu yapın. Yaban mersini, şekeri ve limon suyunu küçük bir tencerede birleştirin. Karıştırın ve kaynatın. Kısık ateşte karıştırarak şurup kıvamına gelinceye kadar pişirin.

b) Bir sürahiye maden suyu dökün ve ½ bardak basit yaban mersini şurubu ekleyin. Şurup suda çözülene kadar karıştırın.

c) Güzel bir keskinlik eklemek için biraz daha limon suyu sıkın. İçeceği daha tatlı hale getirmek için daha fazla yaban mersini basit şurubu veya şekeri ekleyin.

87. Sarsaparilla Kök Birası

İÇİNDEKİLER:

- ½ bardak Sarsaparilla kökü (1 inçlik parçalar halinde kesilmiş)
- 2 bardak su
- 1 yıldız anason
- ¼ çay kaşığı hindistan cevizi
- ½ çay kaşığı tarçın
- ½ çay kaşığı yenibahar
- ½ çay kaşığı vanilya
- 2 yemek kaşığı pekmez
- ½ bardak) şeker
- Maden suyu

TALİMATLAR:

a) Kökleri, baharatları (anason, hindistan cevizi, tarçın, yenibahar) ve 2 bardak suyu orta boy bir tencereye koyun.
b) Kaynamaya başlayınca orta-kısık ateşte yaklaşık yarım saat kadar pişirin.
c) Vanilya ve pekmezi ekleyin. 3 dakika kadar kaynatmaya devam edin ve ardından ocaktan alın.
ç) Karışımı tülbentle kaplı ince gözenekli bir elekten (ekstra filtreleme için) dökerek kökleri ve baharatları sıvıdan ayırmak için karışımı süzün. Bu, karışımın rafine edilmesini ve hiçbir kalıntı kalmamasını sağlayacaktır.
d) Süzülmüş sıvıyı tekrar tencereye ekleyin (tekrar kullanmadan önce tencereyi duruladığınızdan emin olun) ve şekeri karıştırın. 2 dakika kadar kaynattıktan sonra ocaktan alın.
e) Bir bardak kök birası hazırlamak için kök birasını ve maden suyunu 1:2 oranında birleştirin. Her ¼ bardak şurup için ½ bardak maden suyu kullanın.
f) İyice karıştırın ve tadını çıkarın.

88.Limon Ahududu Nane Tazeleyici

İÇİNDEKİLER:

- 1 bardak ahududu
- 1 su bardağı şeker
- 1 bardak su
- Taze sıkılmış limon suyu
- Maden suyu
- Garnitür için nane yaprakları
- Garnitür için limon dilimleri

TALİMATLAR:

a) Ahududu, şeker ve limon suyunu küçük bir tencerede birleştirerek basit ahududu şurubu yapın. Karıştırın ve kaynatın. Kısık ateşte karıştırarak şurup kıvamına gelinceye kadar pişirin.

b) Bir sürahiye maden suyu dökün ve 1 bardak basit ahududu şurubu ekleyin. Şurup suda çözülene kadar karıştırın.

c) İçeceği nane yaprakları, limon dilimleri ve birkaç ahududu ile süsleyin. Birleştirmek ve tadını çıkarmak için karıştırın!

89.Toplanmış Dut Demlenmiş Su

İÇİNDEKİLER:
- Bir avuç karışık yemiş (böğürtlen, ahududu, yaban mersini)
- su
- Buz küpleri (isteğe bağlı)

TALİMATLAR:
a) Çilekleri iyice yıkayın.
b) Çilekleri bir sürahiye koyun ve suyla doldurun.
c) Aromaların demlenmesi için birkaç saat buzdolabında bekletin.
ç) İstenirse buz üzerinde servis yapın. Canlandırıcı ve nemlendirici!

90. Yabani Nane Buzlu Çay

İÇİNDEKİLER:
- Bir avuç taze yabani nane yaprağı
- 4 çay poşeti (siyah veya yeşil çay)
- 4 bardak su
- Tatmak için bal veya şeker
- Buz küpleri

TALİMATLAR:
a) 4 bardak suyu kaynatın ve çay poşetlerini taze nane yapraklarıyla birlikte demleyin.
b) Çayın oda sıcaklığına soğumasını bekleyin.
c) Tatlandırmak için bal veya şekerle tatlandırın.
ç) Buz üzerinde servis yapın. Enfes, naneli buzlu çay!

91.Karahindiba Limonatası

İÇİNDEKİLER:
- 1 bardak karahindiba yaprağı (yalnızca sarı kısımlar)
- 1 su bardağı taze sıkılmış limon suyu
- 1/2 bardak bal
- 4 bardak su
- Buz küpleri

TALİMATLAR:
a) Karahindiba yapraklarını, limon suyunu, balı ve suyu bir sürahide birleştirin.
b) Bal eriyene kadar karıştırın.
c) Birkaç saat buzdolabında bekletin.
ç) Buz üzerinde servis yapın. Eşsiz ve çiçeksi bir limonata!

92.Ladin Ucu İnfüzyonlu Cin ve Tonik

İÇİNDEKİLER:

- 1 su bardağı taze ladin uçları
- Cin
- Tonik
- Buz küpleri
- Garnitür için limon dilimleri

TALİMATLAR:

a) Ladin uçlarını yıkayıp kurutun.
b) Bir kavanozda ladin uçlarını cinle birleştirin. En az 24 saat demlenmesine izin verin.
c) Demlenmiş cini buzla dolu bardaklara süzün.
ç) Üzerine tonik su ekleyin, karıştırın ve limon dilimleriyle süsleyin. Bir klasikte ormandan ilham alan bir değişiklik!

93. Baharatlı bitkisel likör

İÇİNDEKİLER:

- 6 kakule kabuğu
- 3 çay kaşığı anason tohumu
- 2¼ çay kaşığı Kıyılmış melekotu kökü
- 1 Tarçın çubuğu
- 1 Karanfil
- ¼ çay kaşığı Maca
- 1 Beşte votka
- 1 su bardağı Şeker şurubu
- Konteyner: 1/2 galonluk kavanoz

TALİMATLAR:

a) Kakule kabuklarından tohumları çıkarın. Anason tohumlarını ekleyin ve tüm çekirdekleri çatalın arkasıyla ezin.

b) Bunları melekotu kökü, tarçın çubuğu, karanfil, topuz ve votka ekleyerek 1 litrelik bir kaba koyun.

c) Karışımı iyice çalkalayın ve 1 hafta dolapta saklayın. Tülbent kaplı süzgeçten birkaç kez dökün. Sıvıyı şeker şurubu ile karıştırın. Servise hazır

94.Meyveli bitkisel buzlu çay

İÇİNDEKİLER:
- 1 Poşet Tazo Passion çayı
- 1 litre Su
- 2 su bardağı Taze portakal suyu
- Turuncu tekerlek
- Nane yaprakları

TALİMATLAR:
a) Çay poşetini 1 litre kaynar suya koyun ve 5 dakika demlenmesini bekleyin.
b) Çay poşetini çıkarın. Buzla dolu 1 galonluk sürahiye çay dökün. Buz eridikten sonra sürahide kalan alanı suyla doldurun.
c) Kokteyl çalkalayıcısını yarım demlenmiş çay ve yarım portakal suyuyla doldurun.
ç) İyice çalkalayın ve buz dolu bir bardak içerisine süzün.
d) Portakal çarkı ve nane yapraklarıyla süsleyin.

95.Buz bitkisel soğutucu

İÇİNDEKİLER:

- 4 su bardağı kaynar su;
- 8 adet Kırmızı Zinger çay poşeti
- 12 ons elma suyu konsantresi
- 1 portakalın suyu
- 1 Limon; dilimlenmiş
- 1 Portakal; dilimlenmiş

TALİMATLAR:

a) Kaynayan suyu çay poşetlerinin üzerine dökün. Çayın su ılık olana kadar demlenmesini sağlayın, böylece çok güçlü bir çay elde edilir.
b) Büyük bir sürahide çay, elma suyu ve portakal suyunu birleştirin.
c) Sürahiyi limon ve portakal dilimleriyle süsleyin.
ç) Buzla doldurulmuş bardaklara dökün ve nane ile süsleyin.

96.Ahududu bitki çayı

İÇİNDEKİLER:

- 2 aile boyu ahududu çayı poşetleri
- 2 adet böğürtlen çayı poşeti
- 2 adet Siyah frenk üzümü çayı poşet çay
- 1 Şişe köpüklü elma şarabı
- ½ bardak meyve suyu konsantresi
- ½ su bardağı portakal suyu
- ½ bardak) şeker

TALİMATLAR:

a) Tüm malzemeleri geniş bir sürahiye yerleştirin. Sakin olmak. Meyveli buz küpleriyle servis ediyoruz.

b) Bir buz tepsisini doldurmaya yetecek kadar meyve suyu ayırın ve her küpün içine çilek ve yaban mersini dilimleri yerleştiriyoruz.

97.Kakule çayı

İÇİNDEKİLER:
- 15 Kakule Çekirdeği suyu
- ½ bardak Süt
- 2 damla Vanilya (3 damlaya kadar)
- Bal

TALİMATLAR:
a) Hazımsızlık için 15 adet toz haline getirilmiş tohumu yarım bardak sıcak suya karıştırın. 1 ons taze zencefil kökü ve bir tarçın çubuğu ekleyin.
b) 15 dakika kısık ateşte pişirin. Yarım su bardağı sütü ekleyip 10 dakika daha pişirin.
c) 2 ila 3 damla vanilya ekleyin. Bal ile tatlandırın.
ç) Günde 1 ila 2 bardak içilir.

98.Sassafras Çayı

İÇİNDEKİLER:

- 4 sassafra kökü
- 2 litre su
- şeker veya bal

TALİMATLAR:

a) Kökleri yıkayıp fidanları yeşil oldukları yerden ve kökün bittiği yerden kesin.
b) Suyu kaynatın ve kökleri ekleyin.
c) Su koyu kahverengimsi kırmızı olana kadar pişirin (ne kadar koyu olursa o kadar güçlü - benimkini güçlü severim).
ç) Tortu istemiyorsanız, tel ve kahve filtresinden geçirerek sürahiye süzün.
d) Tadına bal veya şeker ekleyin.
e) Limon ve bir tutam nane ile sıcak veya soğuk olarak servis yapın.

99.Moringa Çayı

İÇİNDEKİLER:

- 800 ml Su
- 5-6 Nane yaprağı – yırtılmış
- 1 çay kaşığı kimyon tohumu
- 2 çay kaşığı Moringa Tozu
- 1 yemek kaşığı Limon / Limon Suyu
- Tatlandırıcı olarak 1 çay kaşığı Organik Bal

TALİMATLAR:

a) 4 su bardağı suyu kaynama noktasına getirin.
b) 5-6 nane yaprağı ve 1 çay kaşığı kimyon tohumu/jeera ekleyin.
c) Suyu yarı yarıya azalıncaya kadar kaynatın.
ç) Su yarı yarıya azalınca 2 çay kaşığı Moringa tozunu ekleyin.
d) Isıyı yükseğe ayarlayın, köpürüp yükselince ateşi kapatın.
e) Bir kapakla örtün ve 4-5 dakika bekletin.
f) 5 dakika sonra çayı bir bardağa süzün.
g) Tadına göre organik bal ekleyin ve taze limon suyunu sıkın.

100. Ada çayı

İÇİNDEKİLER:

- Sorumlu bir şekilde toplanan bir avuç taze yabani adaçayı yaprağı
- Kaynayan su
- Kır çiçeği balı (veya veganlar için agav şurubu)
- 1 adet toplanmış limon dilimi

TALİMATLAR:

a) Bir avuç taze yabani adaçayı yaprağı toplayarak başlayın. Temiz ve kirlenmemiş bir ortamdan yaprakları seçtiğinizden emin olun.

b) Yabani adaçayı yapraklarınızı aldıktan sonra, doğal özlerini korumaya dikkat ederek temiz suyla hafifçe durulayın.

c) Toplanan adaçayı yapraklarını bir bardağa koyun ve üzerine kaynar suyu dikkatlice dökün. Yabani otların yaklaşık 5 dakika demlenmesine izin verin. İsterseniz adaçayı yapraklarını ince ince doğrayıp daha konsantre bir demleme için çay süzgecine koyabilirsiniz.

ç) İnfüzyondan sonra toplanan adaçayı yapraklarını çıkarın ve özlerinin çaya karışmasını sağlayın. Yerel arıcılardan sorumlu bir şekilde temin edilen kır çiçeği balını bir miktar karıştırın veya vegan seçeneği için agav şurubu kullanın.

d) Toplanmış limon diliminden bir miktar meyve suyu sıkarak lezzeti artırın. Bu adım, yabani adaçayı infüzyonunun en iyi lezzetlerini ortaya çıkarmak için gereklidir.

ÇÖZÜM

"Çağdaş Toplayıcının Yemek Kitabı" ile leziz yolculuğumuzu tamamlarken, çağdaş mutfağınızda doğanın bereketini toplamanın ve tadını çıkarmanın mutluluğunu yaşadığınızı umuyoruz. Bu sayfalardaki her tarif, toplanan yiyeceklerin tabağınıza getirdiği benzersiz tatların, dokuların ve besin zenginliğinin bir kutlamasıdır; yabani malzemelerin çağdaş damak zevklerine kusursuz entegrasyonunun bir kanıtıdır.

İster yabani mantarların dünyevi lezzetinin tadına varın, ister toplanmış yeşilliklerin tazeliğini benimseyin, ister yabani meyvelerin beklenmedik tatlarından memnun olun, bu tariflerin doğanın sunduğu yenilebilir hazineleri keşfetme hevesinizi ateşlediğine inanıyoruz. Malzemelerin ve tekniklerin ötesinde, yiyecek arama kavramının sizi toprağa, mevsimlere ve açık havanın evcilleştirilmemiş güzelliğine bağlayan bir ilham kaynağı haline gelmesine izin verin.

Toplanan yiyeceklerin dünyasını keşfetmeye devam ederken, "Çağdaş Toplayıcının Yemek Kitabı" vahşi doğayı sofranıza getiren çeşitli lezzetli seçenekler konusunda size rehberlik edecek güvenilir arkadaşınız olsun. Zamanın ötesinde yiyecek arama sanatını benimsemek ve her çağdaş lokmada doğanın kilerindeki zenginliğin tadını çıkarmak için buradayız; mutlu yiyecek arama!

www.ingramcontent.com/pod-product-compliance
Lightning Source LLC
LaVergne TN
LVHW021709060526
838200LV00050B/2578